中国书籍学术之光文库

职业媒介形象的建构与历史变迁

——基于《人民日报》报道的数据分析

方增泉 祁雪晶 | 编著

中国书籍出版社
China Book Press

图书在版编目（CIP）数据

职业媒介形象的建构与历史变迁：基于《人民日报》
报道的数据分析/方增泉，祁雪晶编著．—北京：
中国书籍出版社，2021.1

ISBN 978－7－5068－8341－2

Ⅰ．①职…　Ⅱ．①方…②祁…　Ⅲ．①《人民日报》
—新闻报道—研究　Ⅳ．①G219.2

中国版本图书馆 CIP 数据核字（2021）第 025618 号

职业媒介形象的建构与历史变迁

——基于《人民日报》报道的数据分析

方增泉　祁雪晶　编著

责任编辑	兰兆媛　王　淼
责任印制	孙马飞　马　芝
封面设计	中联华文
出版发行	中国书籍出版社
地　　址	北京市丰台区三路居路 97 号（邮编：100073）
电　　话	（010）52257143（总编室）　（010）52257140（发行部）
电子邮箱	eo@ chinabp. com. cn
经　　销	全国新华书店
印　　刷	三河市华东印刷有限公司
开　　本	710 毫米×1000 毫米　1/16
字　　数	178 千字
印　　张	13.5
版　　次	2021 年 1 月第 1 版　2021 年 1 月第 1 次印刷
书　　号	ISBN 978－7－5068－8341－2
定　　价	95.00 元

前　言

《人民日报》作为中国第一大报，无论是对于某种职业群体报道框架的建构，还是对于该职业群体媒介形象塑造的变迁，均具备其他媒体所无法比拟的传播力、引导力与影响力。深入探究其不同职业群体媒介形象建构与变迁的情况，能够从较高层级获悉我国特定职业媒介形象的历史进程与现状，并有助于发现塑造新时代该职业群体媒介形象的强效手段。

本书的四个部分分别通过对《人民日报》70余年来关于我国农民、工人、人民解放军、教师群体的媒介形象塑造展开研究，横向地分析四种职业在群体新闻报道框架中各个具体部分的特点，同时以历史维度纵向地梳理四种职业群体在主流媒体中媒介形象的建构与变迁，从而总结出在不同时期，《人民日报》在塑造不同职业群体形象时的经验以及当下该类群体呈现出的"新面貌"特征。

同时，《人民日报》作为我国第一党报，也是最具影响力和权威性的综合性日报，拥有最广大的受众群体。通过《人民日报》的报道，我们能够准确及时地获悉国家对四大职业群体的关注和政策动向，了解四大职业群体的媒介形象。当下，网络信息技术的发展赋予了不同职业群体物质生活及精神世界的新形态。这些新变化，意味着国家和社会更需要加强对这些群体变化的关注，这也就对社会各类媒介传播和新闻报道提出了新的要求。媒介塑造的不同职业群体形象不仅会直接作用于该职业群体本身，而且也会影响到政府的决策，影响到大众对该群体的认同和接纳，影响着职业自身的自我定义和观念变革，其重要性毋庸置疑。

因此，本书对新闻媒体如何及时调整职业群体报道角度、树立新理念，使之更加符合社会发展的大趋势具有一定的指导作用，也让社会大众能更客观、更及时、更全面地了解到我国不同职业群体的形象和历史变化，为社会各个阶层、各个群体与该群体之间的和谐共处创造一个有利的舆论环境，从而加快我国社会主义和谐社会的建设。

目　录
CONTENTS

导论　关于"媒介形象"的国内外研究现状

一、关于"媒介形象"的国外研究现状

20世纪60年代初，约瑟夫·特雷纳曼和丹尼斯·麦奎尔等人通过对英国大选中政治人物的电视媒介形象传播效果的研究，得出"确实存在组织的公共形象"这一结论，这一研究被认为是国外最早关于媒介形象的研究。

笔者通过梳理国外关于媒介形象（media image）的研究后发现，国外学者对其的研究主要集中在四个领域。

第一，关于某个国家或地区的媒介形象研究。国外学者倾向于研究一些欠发达国家和地区，这些国家和地区的外界媒介形象一般以负面为主。Melarova，Martina（2013）研究捷克共和国境内两个偏远城市的媒介形象后发现，由于受地域因素、经济因素和心理距离因素的影响，媒体在呈现这两个偏远地区的媒介形象时，具有呈现负面形象

的偏好，而非呈现其区域发展新闻。① Eribo，F（2002）则重点关注种族主义和媒体对于种族偏见制度化的作用。他列举了来自南非、埃塞俄比亚、索马里以及撒哈拉以南非洲许多国家的例子，指出在欧美媒体中对非洲人和非洲事件的歧视性报道。②

第二，关于某个群体或个体的媒介形象研究。在群体的媒介形象研究领域，Soldatkina，Yanina V.（2016）研究了从后苏联时代到当代俄罗斯这一时期，俄罗斯媒体中教师群体媒介形象的演变，并研究了其媒介形象背后形式与意义的转换。③ Szafranska. Michalina（2016）则研究了波兰城市警察群体在波兰媒体报道中所呈现的媒介形象，其研究证实了最初的假设，即波兰媒体的报道巩固和发展了波兰城市警察的消极刻板的形象。④

第三，关于某个重大事件的媒介形象研究。Gibarti，Jana（2012）研究的重点是捷克经济事件的媒介形象。通过分析三个新闻节目中一些重要经济事件媒体报道的程度和频率，作者探讨了媒体报道对于经济事件的重要影响，认为信息持有者和那些形成意见和公众态度的

---

① Melarova，Martina；Stachonova，Martina. The Media Image of South Moravian and Moravian – silesian region ［J］. 16th international colloquium on regional sciences，2013：570 – 578.

② Eribo F. In the Shadows of the Kremlin and the White House：Africa's Media Image from Communism to Post – Communism ［J］. Journalism&Mass Communication Quarterly，2002：79.

③ Soldatkina，YV. The Media Image of Teacher in Contemporary Media：The main Themes and factors of its Transformation ［J］. The Oretical and Practical Issues of Journalism，2016：261 – 277.

④ Szafranska，M，Wojcieszczak，A. The Media Image of Poland's Muntcipal Guards ［J］. Criminal Justice and Security in Central and Eastern Europe：Safety，Security，and Social Control in Local Communities. 2016：99 – 113

人,对于传播和解释经济事件具有相当重要的意义。[①] Ottosen,Rune(2007)则重点关注了政治事件。通过研究阿富汗战争的媒介形象发现,挪威派兵参加伊拉克战争后,一方面表示支持美国,另一方面又想在世界舞台上展示挪威爱好和平的形象,在这种矛盾的立场当中,阿富汗战争产生了"值得"和"不值得的牺牲品"两种媒介形象,而媒体在一开始,就倾向于塑造"值得"的阿富汗战争形象。[②]

第四,关于媒介形象所造成的影响研究。Zeng,Guojun(2011)运用议程设置理论分析国外九个国家的奥运报道,从而解释了国际电视媒体关于2008年北京奥运会的报道对中国形象的影响。研究表明,国外媒体对于2008年北京奥运会的报道,并没有直接提升中国的国际形象,而是间接地使中国作为奥运东道主的形象更清晰。[③] Smeesters,D(2006)研究了正面和负面的媒介形象对于个体的影响。作者从微观层面探讨了影响消费者自尊的一些因素,这些因素包括是否把瘦(或胖)的媒介印象暴露给消费者。[④]

① Gibarti,J. Media Image of Economic Events in the Czech Society [J] . Sbornik Z Mezinarodni Vedecke Konference Znalosti pro Trzni Praxi 2012:Vyznam Znalosti v Aktualnl Fazi Ekonomickeho Cyklu,2012:90 – 94.

② Ottosen,R. The Media Image of the Warfare in Afghanistan:Worthy or Unworthy Victims? [J] . Internasjonal Politikk,2007.

③ Zeng G,Go F,Kolmer C. The impact of international TV media coverage of the Beijing Olympics 2008 on China's media image formation:a media content analysis perspective [J] . International Journal of Sports Marketing&Sponsorship,2011,12(4):319 – 336.

④ Smeesters D,Mandel N. Positive and Negative Media Image Effects on the Self [J] . Journal of Consumer Research,2006,32(4):576 – 582.

二、关于"媒介形象"的国内研究现状

国内较早系统性地研究媒介形象始于栾轶玫教授。在此之前，国内往往将媒介形象与媒介品牌等概念混淆。目前，国内关于媒介形象的研究主要集中在以下几个方面。

第一，关于媒介形象的理论性研究。栾轶玫（2006）开创了媒介形象概念的重新定义，提出了媒介形象内涵"两维度"论①。并在随后的研究中提出了媒介形象建构的四个标准：公信力标准、亲和力标准、整合力标准和传播力标准。② 王鹏进（2010）梳理了媒介形象研究的理论背景、历史脉络和发展趋势，指出未来国内媒介形象研究的走向：其一是基本理论层面的进一步深入研究；其二是作为应用研究的媒介形象评估；其三是媒介研究技术路径的拓展与突破。③

第二，关于某一群体或个体的媒介形象研究。一方面，国内诸多学者对于国内的典型群体、弱势群体、特殊群体等进行了媒介形象研究。如苏林森（2013）研究了中国工人群体的媒介形象，发现从不同工人群体看，劳动模范是积极、正大、光明的，而农民工则是弱势、被动的，这些将在一定程度上导致公众对工人阶层的刻板印象。④ 谢静（2010）研究了中国富人的媒介形象，归纳出了媒体建构富人形象

---

① 栾轶玫. 媒介形象的研究现状及重新定义 ［J］. 今传媒，2006（9）：16 – 19.
② 栾轶玫. 媒介形象建构的四个标准 ［J］. 视听界，2007（5）：18 – 21.
③ 王朋进. "媒介形象"研究的理论背景、历史脉络和发展趋势 ［J］. 国际新闻界，2010（6）：123 – 128.
④ 苏林森. 被再现的他者：中国工人群体的媒介形象 ［J］. 国际新闻界，2013，35（8）：37 – 45.

时的四种主要模式：野蛮生长、个人奋斗、经济原罪和奢侈消费。①
另一方面，国内学者也对典型人物的媒介形象进行了研究。

第三，关于国家和地域的媒介形象研究。在国家形象研究领域，
张爱凤（2011）从媒介变革和媒介跨文化传播的角度，研究了中国国
家形象的嬗变。② 诸多学者从媒介所呈现的内容来研究媒介形象，该
研究则从媒介变革出发，角度较为独特。在地域形象研究领域，万新
娜（2014）研究了《人民日报》2004 年至 2014 年期间所塑造的新疆
形象，发现主流媒体在报道新疆时，存在形象"交叠"的现象。即一
方面主流媒体努力塑造和谐繁荣的新疆形象，另一方面在具体报道内
容中又侧面反映了当前新疆存在的一些问题。③

三、本书关于"媒介形象"的概念界定

对于媒介形象的定义，目前学界尚无统一的标准。通过文献梳理，
发现目前关于媒介形象的定义主要有"两内涵"论和"两系统"论。
如国内较早研究媒介形象的学者栾轶玫认为，媒介形象有两种内涵：
一、媒介形象即社会中的具象或个体（公众人物、社会团体、国家机
器、企业、产品、品牌等）通过媒介传播所衍生出来的公开形象。
二、媒介形象即媒介组织个体或整体的形象，它可指不同时空某一类
别中的单个媒介组织的表象，也可指相同时空的多个同类媒介组织给

---

① 谢静，赖婧．论中国财经新闻中的富人形象［J］．国际新闻界，2011（3）：34 –
40.

② 张爱凤．媒介变迁与中国国家形象的嬗变［J］．南京社会科学，2011（11）：100 –
106.

③ 万新娜．框架理论下新疆的媒介形象建构——以《人民日报》近 10 年报道为例
［J］．当代传播，2014（6）：107 – 108.

人们的印象，还可以指不同时空的多个同类媒体的"身影"。① 宣宝剑在其专著《媒介形象》中指出，媒介形象是人们对于大众传播媒介及其再现事物的认知总和。媒介形象包含传播者媒介形象系统和被传播者媒介形象系统。② 以上两种观点有一定相似性：媒介形象一方面可以指媒介本身的形象，另一方面可指媒介呈现客体的形象。

本书中的"媒介形象"指的是媒介形象的第一种内涵，即某种特殊群体通过媒介传播所呈现出来的公开形象。

① 栾轶玫. 媒介形象的研究现状及重新定义［J］. 今传媒，2006（9）.
② 宣宝剑. 媒介形象［M］. 北京：中国传媒大学出版社，2009.

第一部分

01

《人民日报》关于农民媒介形象的建构与历史变迁

方增泉　王艺臻　贾　麟

摘　要　21 世纪以来，我国已发布了 16 个关于指导"三农"工作的中央"一号文件"，2019 年最新文件题为《中共中央国务院关于坚持农业农村优先发展做好"三农"工作的若干意见》。现如今，我们正处在决胜全面建成小康社会第一个百年奋斗目标的关键之年，农业是否强盛，农村是否美丽，农民是否富裕，很大程度上决定着全面建成小康社会的质量。在此背景下，媒体报道对于农业现代化进程、农村改革以及农民幸福生活都显得愈发关注。因此，研究农民的媒介形象变迁，对于新时代更好地建构农民形象有着重要意义。

本研究以《人民日报》为研究对象，从其 1946—2018年这73年来标题中出现"农民"的有效报道中，抽取667篇样本进行内容分析。针对《人民日报》关于农民的报道框架，按照样本频数、标题词频、报道体裁、报道版面和报道议题属性等进行详细分析，从而得出《人民日报》塑造农民形象的经验与不足。在研究《人民日报》中农民的媒介形象变迁时，通过分析农民职业类型形象与农民品质形象的变迁，梳理历史上农民先后呈现出"翻身解放的主体""贫下中农代表的无产阶级坚实底层力量""生产致富标兵""城市底层建设者""新时代乡村振兴的中坚力量"等五种深入人心的主要媒介形象。

　　同时，《人民日报》在塑造农民媒介形象时，也存在着一些不足。主要体现在农民报道体裁和报道角度单一等方面。为此，笔者提出，《人民日报》在新时代建构农民的媒介形象时，要做到主动"出击"，多视角塑造农民媒介形象，给大众呈现一个完整、客观、真实的农民群体形象；应提升报道体裁多样性，着力加强农民人物特写报道；应聚焦农业农村现代化进程中的最新成果与经验等，多展现新时代我国新农民的新风貌，彰显出我国社会主义新农村建设焕发出的新生机与活力。

绪　论

一、研究背景与研究意义

（一）研究背景

中国农村地域广阔，人口众多，是一个传统农业大国，中华农耕文化历史悠久、源远流长。农业作为国民经济的基础和命脉，其发展状况直接关系着广大人民基本生活状况和社会稳定。新中国成立以来，"三农"问题一直都是党和国家重点关注的问题，是构建社会主义和谐社会的重要因素。1982 年至 1986 年，中共中央连续 5 年发布以"三农"为主题的一号文件，对农业发展与农村改革问题做出具体指导。2004 年至 2019 年，连续 16 年发布以"三农"为主题的中央一号文件，强调了"三农"问题在我国现代化建设中极其重要的地位。习总书记在党的十九大报告中强调："农业农村农民问题是关系国计民生的根本性问题。"在 2019 年 2 月份发布的中央一号文件《关于坚持农业农村优先发展做好"三农"工作的若干意见》中，党中央更是对新时期农村改革发展提出了抓重点、补短板、强基础等新要求。

而作为农业与农村的主体，农民在"三农"中的地位也显而易见，对农民问题进行关注，就是关注整个农村农业的发展。回顾我国千百年的历史，农民作为社会底层的群体，有着"载舟覆舟"的力量。今天，农民群众就是我们社会宏伟大厦的根基。"基础不牢，地动山摇"，要想社会能够长治久安，就必须关注最根本的问题，重视农民的现实需求与困难，助力农民真正过上幸福生活。

随着我国现代化农业的发展，我国农民群体"面朝黄土背朝天"的形象也逐渐成为历史，已经拥有了崭新的风采和面貌。要想真正让广大农民获得更多的幸福感，除了需要国家一系列政策的支持外，还需要让社会各界均对农民群体进行关注，使其真正了解和熟识新时代农民。在这方面大众媒体肩负着重任。《人民日报》作为我国中央级党报，报道范围覆盖社会各个方面，在服务农民、解决农民问题、塑造农民形象上的权威性是毋庸置疑的，通过其对农民群体的媒介形象建构，可以让我们更加深入客观地了解当前农民群体的现状和变化。

（二）研究意义

1. 理论意义

如何构建真实、准确的农民媒介形象是新闻传播学研究中一个极富意义的课题，但我国目前对于农民媒介形象的研究仍存在"小而散"的问题。

以"农民""媒介形象"为关键词在中国知网（CNKI）进行检索，可得出54篇文章。其中虽包含对各类媒体中农民媒介形象的探究，但普遍存在三大问题：其一，研究对象选取时间跨度短，研究多为某类媒体5—15年间对于农民媒介形象的建构，如《党报农民形象建构研究——以〈人民日报〉涉农通讯报道为例（2011—2017）》《〈农民日报〉中的农民形象研究（2005—2015）》等，时间跨度过短难以展现媒体对于农民媒介形象建构的变迁过程与规律，因而缺乏理论提出的翔实依据；其二，多聚焦于某一特定农民类型，缺乏对媒体关于整体农民媒介形象的分析，如《〈人民日报〉上失地农民的媒介镜像》《〈齐鲁晚报〉农民工报道研究（2000年—2014年）》等，尤其在"农民工"问题愈发被社会各界所关注的情况下，对于"农民工"这一农民群体的研究日趋增多，对于农民整体媒介形象的研究比重失衡；其三，缺乏对于《人民日报》中农民媒介形象的横向与纵向相结合的研究。《人民日报》作为中国第一大报，无论是其对于农民报道框架的建构，还是其对于农民媒介形象塑造的变迁，均具备其他媒体所无法比拟的传播力、引导力与影响力，深入探究其农民媒介形象建构与变迁情况，能够从较高层面获悉中国整体农民媒介形象的历史进程与现状，并有助于在此之上发现塑造新时代农民媒介形象的强效手段。

因此，本研究通过对《人民日报》1946—2018年这73年来关于我国农民群体的媒介形象塑造展开研究，横向地对其农民报道框架中的各个部分进行具体分析。同时以历史维度纵向地梳理农民在主流媒体中媒介形象的建构与变迁，总结出不同时期《人民日报》在塑造农民良好形象方面的经验以及当下农民群体呈现出的"新面貌"特征，具有较强的理论创新意义。

2. 实践意义

《人民日报》作为我国第一党报，也是最具影响力和权威性的综合性日报，拥有广大的受众群体。通过《人民日报》的报道，我们能够准确及时地获悉国家对农民群体的关注和政策动向，了解农民群体的媒介形象。当下，农业现代化、农村城镇化与网络信息技术的发展赋予了农民物质生活及精神世界的新形态，经常有不同年龄、不同行业的新型农民个体或群体以崭新的面貌出现在各类媒体报道中，整个农民群体的社会形象日渐以一种"新"的姿态展现在我们面前。这些新变化，意味着国家和社会更需要加强对农民这一群体变化的关注，这也就对各类媒介传播和新闻报道提出了新的要求。媒介塑造的农民形象不仅会直接作用于农民本身，而且也会影响到政府的决策，影响到大众对农民群体的认同和接纳，影响到广大农民群众对自身的定义和观念变革，其重要性是毋庸置疑的。

因此，本研究对新闻媒体如何及时调整农民报道角度、树立新理念，使之更加符合社会发展趋势具有一定的参考作用，也可让社会大众更客观、更及时、更全面地了解我国农民群体的形象和历史变化，为社会各个阶层、各个群体与农民群体之间的和谐共处创造一个有利的舆论环境，从而加快我国和谐社会的建设。

二、"农民"概念界定

从字面意思来讲，农民即长时期从事农业生产的人。但由于我国经济社会的不断发展，国情日益复杂，公众在日常生活中对于农民的概念也渐趋模糊。通过现有文献检索，我们发现农民概念的定义也较为不同。比如"拥有农村户口和土地的人""从事农林牧渔的劳动者"或"长期居住在农村的人"，等等。因此本研究有必要将农民重新定义，以便后续探讨。

综合各类相关文献中有关农民的概念，本研究将农民定义为"拥有农村户口、从事农业相关工作，并且以此类工作作为主要经济来源的人"。但前期查阅《人民日报》报道中的农民形象时发现，农民工和大学生"村官"这两种农民形象是不完全符合以上定义的。而二者报道数量与频率均较多。

大学生"村官"是指选聘高校毕业生到农村任职。大学生"村官"的户口较特别，存在农村生源和非农生源两种情况。但由于这部分人在任期内都稳定地从事农业相关工作，与普通农村干部没有什么不同，对农村农业的发展有很大的影响，因此本研究把大学生"村官"在职业上归类到乡村干部中。

农民工是指常年在外打工但有农村户口的人。这部分人口通常成为城市中的弱势群体，他们的就业、住房、子女和情感问题日益成为媒体关注的焦点。因此本研究把农民工也纳入研究对象。

三、关于我国"农民媒介形象"的研究现状

我国对于农民形象的研究主要涉及两个层面：

第一，可以抽象出具体特点的中国农民形象，如勤劳，开放，地缘意识、人情意识较强，重视传承等。这一层面的研究相对较少，田录梅、张丽军（2008）等人采用问卷调查的实证研究方法，收集到782名大学生对农民形象的看法，通过数据分析发现：无论是在具体特征还是总体形象上，大学生都对农民这一群体持积极的态度，城镇大学生对农民群体的态度往往比农村大学生消极等。在一定程度上，

这也反映了当代人对农民形象的看法。①

　　第二，媒介平台对于农民形象的再现。这是指在大众传媒的长期报道中，所确定的农民在中国社会整体发展中的地位，也是指媒体在这一历史坐标中对农民发展变化的反映。这一层面的研究主要集中在两个方面：

　　一个是电视剧、电影、小说等文艺作品中的再现。如：施学云（2006）通过对20世纪80年代以来小说中农民形象类型的综合分析，全面考察了农民形象本身独特的文化内涵、审美特征和时代精神的转变给农民形象带来的深刻影响。② 徐洋（2017）分析了30多年来荣获"飞天奖"的以农民为主题的电视连续剧中所展示的农民形象，从性别、年龄、职业、文化水平、行为品质等方面，使农民形象有了总体轮廓。并发现随着整个社会的快速发展，农民形象的塑造也逐渐发生了变化。但无论如何变化，仍然保持不变的农民形象是，农民始终保持勤奋和良好的美德，并努力工作，为国家的建设做出贡献。③

　　另一个是新闻报道中的农民形象再现。这一方面的研究相对于前者较少，主要集中在四个方面。

　　第一，对整体农民群体的媒介形象分析。例如，王仕勇、孙国徽（2014）以近30年的《人民日报》头版塑造的农民个体形象为研究对象，发现《人民日报》对农民形象塑造的密度与国家农村议程设置的强度呈正相关，主要是基于积极的宣传，通过爱国与勤劳智慧两种形

①　田录梅，张丽军，李双. 大学生心目中的农民形象调查［J］. 宁波大学学报（教育科学版），2008（3）：45-48.

②　施学云. 论20世纪80年代以来小说中的农民形象及其文化内涵［D］. 南京师范大学，2006.

③　徐洋. 中国农村题材电视剧中的农民形象及其嬗变［D］. 南昌大学，2017.

象的塑造，突出农民的整体形象。① 吴星樾（2016）通过对 2005—2015 年的《农民日报》中塑造的农民形象进行分析发现，《农民日报》构建的农民媒介形象大致符合农民的实际情况，体现了农民形象的多样化，具有时代特征，在新农村建设中也呈现出新的发展。②

第二，对农民中某一特定群体或典型个体进行形象分析。例如，杜中杰（2000）在分析了改革开放以来《人民日报》报道的农村致富者形象的变化后，把农村致富者形象分成三个阶段——集体致富中的个体形象、专业户形象、农民企业家形象。③ 耿雪（2017）以山东九部乡村电视剧为研究对象，全面深入地探讨了所创作的数百名人物的形象，总结出四种电视剧中农民形象的典型类型：农村干部、农村致富者、农村文化人和工农劳动者，并分析了这四类农民形象各自具有的特征和这些农民形象背后的话语力量。④

第三，"三农"话题中的农民媒介形象。例如，王英翠（2017）指出我国对农民的媒介形象的研究多是对某个或某几个媒体的相关报道进行研究，对他们塑造的农民形象进行分类，鲜少将农民群体的形象作为研究对象纳入社会背景，分析其得与失，来促进"三农"问题的解决。⑤ 因此，她将 1991—2016 年中国新闻奖中典型的"三农"问题故事作为分析文本，通过研究媒介对人物的选择和报道呈现出的人

---

① 王仕勇，孙国徽．主流媒体对政府议程的宣传报道研究——以近 30 年《人民日报》头版塑造的农民个体形象为例 ［J］．昆明理工大学学报（社会科学版），2014，14（1）：94 – 102.
② 吴星樾．《农民日报》中的农民形象研究（2005—2015）［D］．广西大学，2016.
③ 杜中杰．动荡中的嬗变——试论改革开放以来《人民日报》农村致富形象的变迁［J］．新闻与传播研究，2000（3）：62 – 75，96.
④ 耿雪．山东农村题材电视剧农民形象研究 ［D］．南京师范大学，2017.
⑤ 王英翠．"三农"报道典型人物的媒介呈现 ［D］．重庆大学，2017.

物形象特征及变化探讨"三农"报道中典型人物的媒介形象,进而考察媒体、社会和国家对"三农"问题关注的重点与变迁。

第四,新闻报道在塑造农民形象时出现的问题。2005年,一些学者通过实证分析得出了这一观点:媒体中农民的形象在很大程度上反映的是媒体和他们的从业者心中的农民形象,这种反映不仅影响媒体本身,还影响整个舆论环境,因而呼吁媒体准确塑造农民形象。① 贾冰(2007)以改革开放八年来《人民日报》的农业相关报道为主要样本,一方面总结了在农民形象塑造"得失"背后所隐藏的深层原因,另一方面,也深刻地讨论了这些农民媒介形象所反映的政府形象。② 雷晓艳(2009)对电视媒介有关农民的内容信息进行分析后,总结出三种农民形象类型:"励志者"形象、"受难者"形象、"负面行为者"形象。同时她也发现:电视对农民形象的塑造存在偏差,报道的数量和质量均不够,且电视媒体在塑造农民形象方面有明显的刻板印象。③ 付琳(2012)指出,中国媒体普遍存在着以城市为中心的倾向,习惯于围绕城市居民的诉求展开报道,而忽视了对农民这一广大群体的关注,并对《人民日报》32年的"三农"报道进行定量和定性分析,得出农民的主体地位处于缺失状态这一结论。④

本研究主要集中于第一领域,探究《人民日报》中的涉农报道对于农民群体媒介形象的建构和变迁。

---

① 牛立方. 我国报纸媒体新农村报道的框架分析 [D]. 兰州大学, 2008.
② 贾冰. 媒介农民形象塑造 [D]. 南京师范大学, 2007.
③ 雷晓艳. 电视媒介对农民形象再现的偏差 [J]. 新闻爱好者, 2009 (24): 39 – 40.
④ 付琳.《人民日报》"三农"报道中农民主体地位缺失研究(1979年—2011年)[D]. 湘潭大学, 2012.

四、研究设计

(一)研究对象与研究问题

本研究通过分析《人民日报》1946—2018 年关于我国农民群体的新闻报道,探讨我国农民群体的报道框架,从而总结出我国农民的媒介形象特征和变迁过程,以及在新时期应该如何对农民群体进行形象建构。

通过探究 1946—2018 年的《人民日报》报道我国农民群体时所用的报道框架及其变化,以及我国农民群体在《人民日报》中的媒介形象和变化,试图回答如下几个问题:

1. 《人民日报》中关于我国农民的报道框架经历了怎样的变化?

2. 通过词云分析等,研究《人民日报》建构了哪些农民形象?

3. 在新时期,《人民日报》该如何适应媒体变革趋势塑造农民形象?

(二)研究方法

本研究的主要研究方法是内容分析法。

内容分析法可以对传播内容进行客观、系统和定量的描述,其实质是分析传播内容中包含的信息量及其变化,即从有意义的词语中推断出内在含义的过程。本研究利用《人民日报》数据库"人民数据",将其标题中出现"农民"的文章抽选出来,排除关于其他国家农民的文章后,将剩下的文章利用等距抽样抽出样本,制作编码表并进行信度检验，从而研究《人民日报》中关于农民群体的报道框架和媒介形象的建构和变迁。

（三）样本选择

本研究采取等距抽样，在具体抽样过程中，分三步进行。

第一步：查询相关文章，挖掘研究数据。本研究以"农民"为关键词，在《人民日报》图文数据库中搜索标题中出现"农民"字样的新闻报道，搜索时间跨度为1946年5月21日—2018年12月31日，共搜索出相关报道18132篇。利用"八爪鱼"数据挖掘软件，对《人民日报》图文数据库中18132篇相关报道的标题、刊发时间、刊发版面、摘要、关键词等进行数据挖掘，汇总在Excel表格中。

第二步：筛选有效数据，删除无效文章。由于版面设计问题，《人民日报》中时常会出现同一篇文章在多版刊登的情况，从而导致同一文章在数据库中出现多次，此类情况在统计时算为一篇文章；此外，在《人民日报》的报道中出现了"菲律宾农民""法国农民"等外国农民，此类不作为本研究的对象；此外，凡是不属于农民的学习、生活、工作、评价、会议、政策文件等范畴的新闻报道，一律删除，最后得到有效报道16675篇，作为样本总量。

第三步：制定抽样规则，进行数据抽样。本研究采用等距抽样的方法，首先将16675篇有效数据进行编号，编号时采用日期倒排序，即将2018年12月31日的最新报道编为1号，将1946年5月21日的最早报道编为16675号。编号结束以后，利用Excel中的等距抽样工具，计划抽取667个样本，等距抽样的间距为25，即每隔25个号码抽取1个。

（四）类目建构

本研究设置了7个类目对《人民日报》中的"农民"形象进行分析，其中类目2到类目5是从新闻报道框架包含的各个部分对农民报道框架进行分析，类目6和类目7则侧重于对农民在报道中具体展现出的形象进行分析，如下所示。

1. 样本结构：对样本数据分布的时间等进行频数分析。

2. 报道标题：对样本数据的标题进行词频分析。

3. 报道版面：版面位置能够体现该报道在报纸中的分量和重要性，一般来讲头版报道比较重要。

4. 报道体裁：媒体在报道时选择何种报道体裁，客观上反映了媒体在报道时所选择的报道框架，其中报道体裁包括消息、通讯、人物特写、评论、社会来信等，即新闻报道的主要体裁类型。

5. 报道议题：报道议题是《人民日报》构建农民媒介形象的时代背景，也是引导舆论的议程设置。国内学者方晓红基于我国有关农村工作的"一号文件"以及媒体（以《人民日报》为主，包括其他省级机关报、中央或省电视台对农节目等）报道内容，形成了较为完善的媒介农民报道议题指标体系，结合样本具体情况，本研究参考《媒介对三农作用指标体系的研究路径及功能》[①] 已有量表，将报道议题具体分为以下类别：（1）政策理论宣传、（2）减负增收、（3）城镇化进程、（4）高新技术与经验推广、（5）教育与培训、（6）民主与法治、（7）社会保障、（8）党政活动、（9）文体活动、（10）环保与生态、

---

① 方晓红，庄曦. 媒介对三农作用指标体系的研究路径及功能［J］. 南京师大学报，2007（2）.

（11）服务性信息、（12）互动、（13）新人新事、（14）"四季歌"、（15）帮扶、（16）医疗卫生、（17）消费、（18）农民运动与活动。

6. 农民职业类型：报纸中农民职业类型的变化是本研究着重衡量的一个方面，吴星樾在《〈农民日报〉中的农民形象研究（2005—2015）》① 一文中，形成了对农民报道中农民职业类型较为完善的梳理，因此根据已有文献中的量表，结合样本实际情况，本研究将农民职业类型具体分为以下几种：（1）个体户、（2）种养大户、（3）家庭农场、（4）党政机关及乡村干部、（5）普通农民、（6）合作社、（7）民营企业、（8）农民工。

7. 农民品格：人物品格是指主人公在行为中所表现出的主要品格。通过对人物品格的分析，我们可以看到农民群体的精神面貌和报纸创造和尊重的农民形象。吴星樾在《〈农民日报〉中的农民形象研究（2005—2015）》② 一文中，形成了对农民报道中农民主要品格类型较为完善的梳理，根据已有文献中的量表，本研究将农民品格具体指标分为以下类别：（1）勤劳、（2）创新、（3）好学、（4）奉献、（5）为群众着想、（6）公正廉洁、（7）坚强、（8）善良、（9）诚信、（10）坚持、（11）负面、（12）无明显品格凸显。该评判主要是对全文的综合描述。

（五）信度检验

在使用内容分析法进行量化研究时，经常涉及数据的编码，由于存在编码是否可信的问题，因此在编码时往往需要多名编码人员参

---

① 吴星樾.《农民日报》中的农民形象研究（2005—2015）[D].广西大学，2016.
② 吴星樾.《农民日报》中的农民形象研究（2005—2015）[D].广西大学，2016.

与。这些编码员根据统一的编码标准，对文本进行独立的编码，编码结束以后要进行信度检验，只有当信度达到要求，才说明编码有效，研究也才有意义。在检验编码信度时，编码员之间的信度检验公式为霍尔斯提求得相互同意度公式：$R = 2M / (N_1 + N_2)$。

其中 R 指的是编码员之间的相互同意度，M 指的是两位编码员编码结果相同的次数，N_1 指的是第一位编码员编码的次数，N_2 指的是第二位编码员编码的次数。当 $R \geqslant 0.8$ 时，则说明编码员之间的相互同意度符合要求。

本研究共有两位编码员，根据上述内容分析编码信度检验公式，分别计算出研究中涉及编码部分的相互同意度如下：

1. 论文第一章中"报道体裁"编码信度检验

$R_1 = 2 \times 613 / (667 + 667) = 91.9\%$，因为 91.9% > 80%，所以该编码有效。

2. 论文第一章中"报道议题"编码信度检验

$R_2 = 2 \times 581 / (667 + 667) = 87.1\%$，因为 87.1% > 80%，所以该编码有效。

3. 论文第二章中"农民职业类型"编码信度检验

$R_3 = 2 \times 577 / (667 + 667) = 86.5\%$，因为 86.5% > 80%，所以该编码有效。

4. 论文第二章中"农民品格"编码信度检验

$R_4 = 2 \times 562 / (667 + 667) = 84.3\%$，因为 84.3% > 80%，所以该编码有效。

综上，本研究中所有编码部分的相互同意度均高于80%，均符合内容分析编码的信度要求。

第一章 《人民日报》中的
农民报道框架研究

一、样本：透过"频数"看农民报道框架

研究《人民日报》中农民报道数量的历史变化，能够直观地反映各个时期党媒对于农民群体的关注程度，对于塑造农民媒介形象的重视程度。本研究将 667 条涉农的样本数据按照年份进行了频数统计，从 1946 年开始至 2018 年结束，共统计了样本数据中 73 年来农民报道的数量变化。

从图 1 可以看出，《人民日报》中农民报道的频数并不是稳定分布的，在 1954 年前后、1984 年前后以及 2004—2006 年前后形成了三次较高的峰值。

第一次峰值位于 1953—1957 年之间，此时我国正处于"一五"计划和"三大改造"期间，农业生产获得较大的发展。尤其在 1953 年中央发布《关于农业生产互助合作的决议》和《关于发展农业合作社的决议》后，中国农村开始了互助合作运动，引导农民参加农业生产合作社，走集体化和共同富裕的社会主义道路。《人民日报》作为

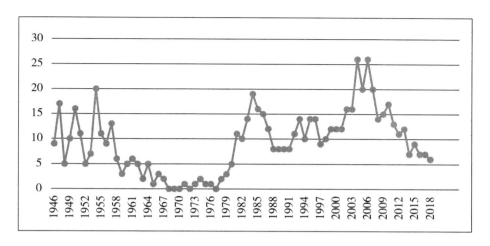

图1 《人民日报》农民报道样本频数变化（年份）

第一党媒，无论是在农业政策宣传还是在社情反映上都起着至关重要的作用，因而在此时期关于农民的报道大量增多。

第二次峰值位于1982—1986年之间，此时我国正处于改革开放初期，农业生产与农村工作发生了巨大变革。1982—1986年，中央连续发布了5个"一号文件"，肯定了农民创造的经验，为农村改革顺利发展奠定了政策基础。其中，1982年中国共产党历史上第一个关于农村工作的"一号文件"正式出台，确立了以家庭联产承包责任制为主要形式的农业生产方式，开启了以公有制为主体、多种经济成分并存的格局。1985年，国家开始将市场机制引入农业和农村经济发展中，农业生产结构、农村经济结构趋于多元化，乡镇企业也得到蓬勃发展。面临农业的大变革与大发展，《人民日报》对农民的报道迅速增加，形成了第二个较高的峰值。

第三次峰值位于2004—2006年之间。2004年《关于促进农民增加收入若干政策的意见》作为中央"一号文件"正式公布，这是继1986年以来时隔18年后，党中央、国务院发出的关于农业和农村工作的第 6 个"一号文件"，此后直到 2009 年，中央又连续出台了 6 个有关农业和农村工作的"一号文件"。2004 年开始实行以"取消农业税、工业反哺农业"为主要内容的农业新政，将"三农"工作作为全党工作的重中之重。2005 年提出建设社会主义新农村，农业政策面向促进农村全面发展。2006 年在全国范围内全面取消农业税。这一时期，《人民日报》在党和国家政策的引领下再次广泛、深入地聚焦农民这一群体，关于农民，尤其是新时代农民形象的报道大量增多，形成了第三次较高的峰值。

纵观《人民日报》不同历史时期关于农民报道频数的变化，可以看出，农业是国民经济的命脉，自新中国成立以来，我国关于"三农"问题的相关政策一直在持续发展。《人民日报》对于农民形象的报道与塑造，很大程度上也是随着国家关于"三农"问题的相关政策而开展和前进的，这是《人民日报》进行农民相关报道的一个重要特征。

二、标题：透过"词频"看农民报道框架

标题对于新闻报道而言往往有着点明中心思想、交代写作意图等提纲挈领的作用。基于此，本研究对 1946—2018 年共 667 条农民报道样本数据的标题进行词频分析。以 10 年为间隔分组，在每个时间段内剔除"农民""农业"等无效词汇后，提取出每个时间段内词频、权重最高的词汇作为本时段的关键词。具体如下。

表1 《人民日报》农民报道标题中的高频词汇统计

时间	1946—1955	1956—1965	1966—1975	1976—1985	1986—1995	1996—2005	2006—2015	2016—2018
关键词	翻身 组织 增产	生产 农工 支援	革命 农工	生产 减负 建设	市场 技术 帮扶	农民工 增收 减负	农民工 增收 新农村	农民工 薪资

通过查询每个时段关键词在具体标题中的含义、语境，可以发现，农民的形象建构，与时代主题的变化紧密相关。本研究将以上不同历史时期关于农民报道的关键词及其所建构的农民形象分为六大阶段。

第一阶段（1946—1957）：翻身农民合作促生产，关键词为翻身、增产。

这一阶段主要处于新中国成立初期，我国关于农业与农村工作的政策产生了第一次较大的变革。1950年，中央颁布《中华人民共和国土地改革法》，正式开启全国性的土地改革，到1952年底，我国基本完成土地改革，广大农民正式翻身成为土地的主人。但当时仍然分散落后的小农经济极大地限制了农业生产力的持续均衡发展，因此，1953年中央做出了《关于发展农业生产合作社的决议》，即"三大改造"中关于农业的改造，自此开始了我国农村互助合作大生产的序幕。《人民日报》在此时期既肩负着农业政策宣传与引导的责任，又注重反映农民新面貌，因此着重刻画翻身农民合作促生产这一群像。如《从克山县互助村农民住房看土改后农民生活》《湖南翻身农民周汉文 给毛主席写信表示爱国增产决心》《王朝佑农业合作社带动全乡农民组织起来》《山东主要产棉区农民想办法增产粮食》《安徽未受水涝地区农民开展农业增产运动 争取山田岗田再增产一成弥补灾区损失》等。

第二阶段（1958—1977）：人民公社与"文革"背景下的农工联合，关键词为革命、农工。

这一阶段处于人民公社化与"文革"期间。特殊的历史背景下，《人民日报》此时期关于农民的报道多为对"革命热情"的赞扬以及对大型农业生产工作的宣传。同时，农民学习毛泽东思想、响应毛主席号召的报道也大量增多。在此之上还特别强调对工农联盟的关注，以营造该时期的农民团体形象。

第三阶段（1978—1984）：改革开放初期农民新风貌，关键词为生产、减负。

这一阶段处于我国改革开放初期。党和国家致力于让农民获得自主和实惠，主要政策内容包括改变人民公社制度，建立新的农村管理模式；改革农村经营体制，确立家庭联产承包责任制；调整农业结构，发展多种经营经济等。此时期的政策主要反映在1982—1984年3年的3个中央"一号文件"中。尤其需要提到的是，家庭联产承包责任制的实施作为对内改革的突破口，促进了我国农村经济的飞速发展，粮食产量激增，农民生活水平得到大幅提高。因此《人民日报》该时期在聚焦农业生产的前提下，报道了大量农村体制改革中的农民形象，以及在国家减负增收政策下农民丰收与喜悦的新风貌。如《丰收后的凤阳农民要买些什么？》《地县领导为社员解疑团支持农民劳动致富》《吃细粮 住新房 看彩电 骑凤凰 辽宁富裕农民提出新要求》《如何看待农民联合办企业？》《上过农业中学的陈普传培育成功白木耳菌种 吸引周围农民联合生产共同致富》等。

第四阶段（1985—1991）：改革中的农业大发展，关键词为市场、技术。

这一阶段伴随改革进程的逐渐深入，党和国家的农业政策围绕调整农村产业结构这一主线而制定、实施。主要政策内容包括取消农副产品购销制度；发展农村商品经济，建立农产品市场；扶持引导乡镇企业；增加农业投入等。此时期的政策主要反映在 1985 年和 1986 年的两个中央"一号文件"中。这种引导农业从传统生产模式向市场化的转变，极大地冲破了制约农村生产力发展的藩篱，加快了农村经济多元化发展的步伐，促进了农民收入的稳步增长。《人民日报》该时期通过报道大量的农村、农民对市场经济进行探索的案例，以及在市场化推动下农民对先进技术的需求，表现了"大改革"中农民"大发展"的崭新形象，而不再仅仅是生产与丰收等传统农民形象。如《吸收农民手中闲散资金 江西办起 61 万两户企业》《香河县创造条件帮助农民学技术 两万余乡镇工人技校毕业后在生产中大显身手》《农民余建喜投资十二万种粮》《丰宁十家企业与农民"联姻"》《如今乡下新鲜事 八桥农民请保姆》等。

第五阶段（1992—2002）：农村深化改革中农民工群体的涌现，关键词为农民工、增收。

该阶段党和国家农业政策的总体目标是推动农业和农村现代化进程，实现农村经济从计划到市场的转变。农村现代化建设带来的必然结果就是城镇化进程的加快，而市场经济的推广则蕴含着农民对于收入要求的提高，诸多因素都直接或间接地促发了一种新的农民职业——农民工。因此从这一时期开始，《人民日报》对于农村市场经济体制改革的宣传力度再度增强，同时对于"农民工"这一新型农民群体的报道大幅增加。如《温州崛起百座"农民城"》《农业产品极大丰富 农民收入大幅提高 农村经济推动国民经济快速增长》《荣成农民投资一千多万元发展旅游业》《义乌为进城农民搭建就业舞台》《平安农民搬进了新居》等。

第六阶段（2003年至今）：新农村与新农民，关键词为新农村、增收、农民工。

2003年初至今，党和国家所发布的农业政策始终强调"统筹城乡发展"，让农民共享改革发展成果。这一阶段的主要政策内容以农业现代化和建设社会主义新农村为中心，推动城乡经济统筹。包括推出"农民工"维权方案、提高农业综合生产能力、着力增加农民收入、加强农业基础建设等诸多方面。这些政策在此时期连续多年的中央"一号文件"中均有体现。无论是党和国家对于"三农"问题的关注程度，还是我国对于农业、农村和农民发展的保障力度，都达到了一个新的高度。农业、农村和农民的发展需要《人民日报》"高歌"以领航。因此，《人民日报》这一时期在秉承上一阶段所主构的农民形象的基础上，加大了对于中央政策的深度宣传，大量描绘新时代、新政策下的新农村与新农民形象，同时深入关注并解读"农民工"群体中所存在的薪资、权益、住房、子女等诸类问题。如《大打培训牌科技牌 关注老少边穷地区 农业部今年要为农民办15件实事》《发挥亿万农民建设新农村的主体作用》《节日里，我走进了父亲的工地》《"4050"农民工，真不易》《人老了，家还回得去吗》等。

三、版面：透过"头版"看农民报道框架

报纸在设计版面时，会将该期新闻报道中最重要的新闻放在头版

位置。研究《人民日报》中农民头版报道的历史变迁，有利于直观反映不同历史时期《人民日报》对于农民报道的情况变化。

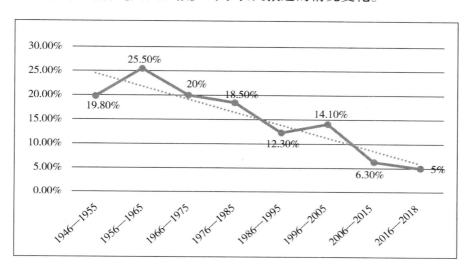

图2 《人民日报》农民报道头版指数变化（年份）

本研究在统计农民相关报道在《人民日报》中所出现的版面时，依然以10年为间隔，统一计算各个时期农民报道的头版指数。头版指数 T 计算公式如下：T = N/M。

其中 T 为头版指数，N 为该时期头版报道量，M 为该时期报道总量。

通过上图可以看出以下三方面的信息。

第一，从新中国成立初期到现今，《人民日报》农民报道头版指数呈明显下降趋势，前后差距较大。

新中国成立初期农民报道的头版指数在 20% ~25%，而近些年来农民报道的头版指数仅维持在 5% ~15%，下降趋势明显，且前后差距较为悬殊。也就是说，新中国成立初期与现今相比，农民的相关报道更容易上头版。

这主要是由于在新中国成立初期以及社会主义建设初期，我国的发展重点在农业。无论是"土地改革"，还是"三大改造"中的农业合作化运动，农业和农民都是我国社会主义建设的重点，其相关新闻在当时的社会环境下具有很强的时新性与重要性，因此有关农民的报道更多地被放在《人民日报》的头版位置。而随着改革开放的开始，农业虽然最初作为改革的起始点，迎来过一段时期的强烈报道，但随着我国政治、经济、文化等各项事业的蓬勃发展，报道选题日益广泛，《人民日报》有关农民报道的时新性与重要性在下降。

第二，《人民日报》农民报道头版指数的峰值与样本频数的峰值相吻合。

《人民日报》中农民报道的头版指数出现过三次峰值，这三次峰值出现的时段分别为1956—1965年、1976—1985年、1996—2005年。这与前文所探究的《人民日报》中农民报道频数的分布峰值几乎一致。即1954年前后、1984年前后以及2004—2006年前后。也就是说，当农民相关报道篇数较多的时候，其上头版的次数也相对较多，因此无论从数量上还是从版面上，都潜在地反映了几段时期《人民日报》对于农民报道的重视。

第三，《人民日报》对于农民报道的重视程度与党和国家的政策取向相一致。

分别分析第二点中的三次头版指数峰值可以发现，第一次峰值处于我国"三大改造"前后，农业生产获得较大的发展。尤其在1953年中央发布《关于农业生产互助合作的决议》和《关于发展农业合作社的决议》后，中国农村开始了农业合作化运动，到1956年底基本完成。因此在该时间节点及后续的几年内，《人民日报》切实贯彻中央政策，对于农民报道的重视程度着重增强。

第二次峰值处于我国改革开放初期，农业生产与农村工作发生了巨大变革。尤其在 1982—1986 年，中央连续发布了 5 个"一号文件"，为农村改革顺利发展奠定了基础。其中，1982 年中央发布历史上第一个关于农村工作的"一号文件"，标志着以家庭联产承包责任制为主要形式的农业生产方式正式诞生。面对农业与农村工作政策的变革与发展，《人民日报》对农民的报道数量增加，重视程度也相应加强。

第三次峰值处于世纪之交。2004 年中央发布"一号文件"《关于促进农民增加收入若干政策的意见》，这是继 1986 年以来时隔 18 年后，党中央、国务院发出的关于农业和农村工作的第 6 个"一号文件"。此后直到 2009 年，中央又连续出台了 5 个有关农业和农村工作的"一号文件"。党和政府对于我国"三农"问题再一次高度重视，《人民日报》也再次广泛、深入地聚焦农民这一群体，尤其是更加强调展现新时代的农民形象。

四、体裁：透过"简繁"看农民报道框架

媒体在报道时选择何种报道体裁，客观上反映了媒体在报道时所选择的报道框架。在样本体裁的划分中，主要分为五类：消息、通讯、人物特写、评论、社会来信。通讯一般分为事件通讯、人物通讯、工作通讯和风貌通讯四类。本研究之所以把人物特写从人物通讯中单独区分以计数，目的是便于分析农民报道的典型个体框架。

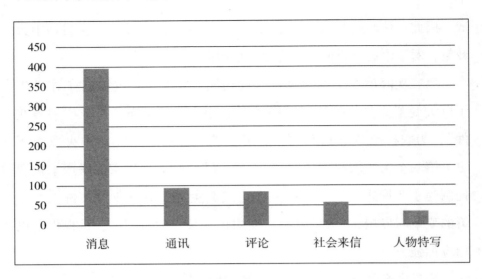

图3　《人民日报》农民报道体裁数量分布（篇数）

从样本中农民报道体裁的数量分布可以看出，多年来，消息是农民报道首要的报道方式，其次是通讯、评论和社会来信，人物特写体裁的报道数量最少。

消息占比最多，其次是通讯，说明《人民日报》对于农民的报道虽有不同风格的采写取向，但仍偏向于传统"短平快"的体裁。评论数量紧随通讯之后，则说明《人民日报》十分注重对农业和农村工作政策以及农事的释读。社会来信占比虽不大，但由于并不是新闻采写的主要体裁，也能反映出《人民日报》在"三农"问题方面与社会各界有着较为良好的沟通。人物特写作为占比最少的农民报道体裁，说明《人民日报》对于农民个体典型形象的描绘较少，报道大多呈现农民集体群像，个体报道框架不够鲜明。

此外，本研究以10年为间隔，将1946—2018年共73年的样本报道体裁进行阶段性划分。具体如下。

表2 《人民日报》农民报道体裁数量与占比统计

体裁 时间	消息		通讯		人物特写		评论		社会来信	
	篇数	占比	篇数	占比	篇数	占比	篇数	占比	篇数	占比
1948—1955	71	64%	14	13%	4	4%	6	5%	16	14%
1956—1965	40	73%	8	15%	2	4%	3	5%	2	4%
1966—1975	7	70%	2	20%	1	10%	0	0%	0	0%
1976—1985	48	59%	12	15%	4	5%	9	11%	8	10%
1986—1995	62	58%	15	14%	6	6%	6	6%	17	16%
1996—2005	87	61%	13	9%	4	3%	28	20%	10	7%
2006—2015	71	50%	23	16%	13	9%	32	23%	3	2%
2016—2018	10	50%	7	35%	0	0%	2	10%	1	5%

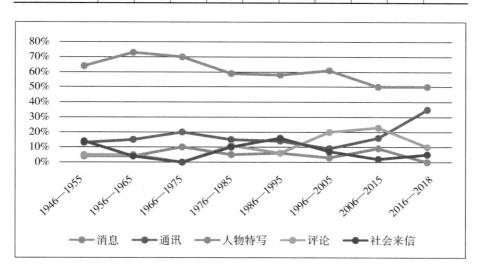

图4 《人民日报》农民报道体裁占比变化（年份）

通过表2可以看出，消息体裁的数量不仅长期居于首位，即使在不同时间段的划分下，也都独占鳌头，基本稳定在50%以上。但从趋势上来看，近年来消息体裁占比有所下降，其原因主要是由于通讯和评论体裁的增长，这说明《人民日报》最新一段时期对于农民形象的刻画开始更加追求丰富与多元，对于国家农业和农村工作政策的释读也更趋翔实。通讯体裁占比近年来有所提升，说明《人民日报》对于新时期农民的报道有采写风格上的变化。

人物特写的占比始终处于较低位置，最高时期也仅有 10%。但从其内部变化来看，人物特写体裁占比也曾形成过两个小高峰，第一个小高峰为 1966—1975 年，第二个小高峰为 2006—2015 年。前者由于处于"文革"时期，人物特写专注于刻画农民群体或团体中的个别农民典型。后者则处于世纪之初党和国家再次对"三农"问题着重关注的时期，不仅有农业、农村和农民发展与保障的问题，农民工群体所带来的新现象、新问题等都愈发频现，因此《人民日报》该时期更加注重描绘新时代、新政策下的新农民形象，同时更加深入地关注并解读"农民工"群体中所存在的一些问题。基于以上因素，这两个时期的农民人物特写占比有所增多，但整体仍处于十分缺乏的状态。

评论体裁占比从新中国成立以来可以说呈现出较为稳步上涨的趋势，尤其从 1976—1985 年以来，增幅十分明显。这主要是由于我国自改革开放以来，每个时期对于"三农"方面的政策都有一定的更新与调整，无论是改革之初的"家庭联产承包责任制"，还是近年来的"社会主义新农村建设"。政令出台的同时需要大量的宣传与推广，同时，对每个时代背景下社会上出现的关于"三农"的新问题也需要重新解读。这些重任对于《人民日报》来说责无旁贷。而新闻评论则是观点与评价的最佳输出口，因此自改革开放以来，《人民日报》农民报道中的评论体裁占比始终稳步上升。

社会来信占比近 20 年来持续减少。《人民日报》作为我国第一大纸媒，起初一直较为重视与农民受众进行互动，从而了解广大农民的心愿，倾听和展现大众的呼声。在电视、网络不普及的历史年代，社会来信架起了农民与《人民日报》之间沟通的桥梁。尤其在新中国成立前后（1948—1955 年）和改革开放初期（1986—1995 年）这两个时段，社会来信体裁的占比形成了两大高峰。究其原因，无论是新中国成立前后的"土地改革"和"农业合作化运动"，还是改革开放初期的"家庭联产承包责任制"，当党和国家发布有关农民自身且具有巨大变革性的政策时，社会来信占比均会急剧上涨。这也真实、鲜明地体现了《人民日报》在特定时期通过社会来信解答群众疑问，营造良好的互动交流氛围、促进政策制度的推广与落实、推动社会和谐发展的作用。进入 20 世纪 90 年代以来，受到互联网等新媒体的冲击，社情民意反映的主要渠道以及《人民日报》的受众群体都有所转移，社会来信体裁占比不断下降成为必然。

五、议题：通过"议题属性"看农民报道框架

选择报道议题属性是大众传媒进行议程设置的重要方式，也是其自身报道框架的体现。马克斯韦尔·麦库姆斯认为，新闻写作者在思考与谈论某些议题时，这些议题的某些方面会得到强调。即议题的某些属性会得到强调，同时，大众思考与谈论公众议题的方式也会受到大众传媒报道方式的影响。① 因此，研究《人民日报》中农民报道的议题属性，对于认识和研究党媒进行议程设置以及塑造农民媒介形象的方式有着重要的意义。

---

① 马克斯韦尔·麦库姆斯. 议程设置：大众媒介与舆论［M］. 北京：北京大学出版社，2008.

本研究在已有文献量表的基础上，通过具体文本分析，对 667 篇农民报道样本做出以下 18 个报道议题划分：政策理论宣传、减负增收、城镇化进程、高新技术与经验推广、教育与培训、民主与法治、社会保障、党政活动、文体活动、环保与生态、服务性信息、互动、新人新事、"四季歌"、帮扶、医疗卫生、消费、农民运动与活动。

通过对 667 篇样本报道进行分析，发现报道议题分布如下。

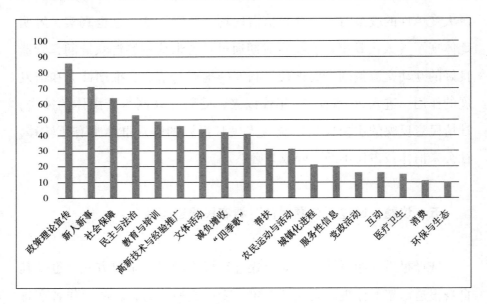

图5 《人民日报》农民报道议题数量分布（篇数）

对排名前十位的报道议题进行细分，从上图可以看出，排在第一位的报道议题是"政策理论宣传"，这再一次说明《人民日报》对农民的报道以及对农民媒介形象的建构，主要是在党和国家关于"三农"方面政策的指导下进行的。

其次是"新人新事"。不同时代、不同时期关于农民新面貌、新形象的呈现，同样也是《人民日报》农民报道的重点，这些农民模范形象的树立，是进行价值引领与方向引导的重要方式。

排在第三位的是"社会保障"。随着我国社会主义现代化农业建设的加快与完善，对于农民权益的各项保障性措施也日益增多，无论是早期对于农民耕地的保护，还是后来关于农业税款的减免，抑或是当今对于农民工群体权益的强调，都促成了《人民日报》农民报道中"社会保障"议题的增多。

第四位的议题是"民主与法治"。随着我国社会主义制度的日臻完善，"依法治国"也体现在国家各项事业的不同方面。在农村工作中，有诸多与民主法治相关的案例开始涌现。其中既有乡村干部公正廉洁、为民解忧除患的正面模范，也有部分农民或乡镇机关违法违规行为的曝光。

排在第五位、第六位的议题分别是"教育与培训"和"高新技术与经验推广"。这两个议题的潜在内涵有着较为紧密的联系。农业现代化建设的加快对农民意味着生产技术与技能的更新换代。不论在哪个时期，农民对于先进技术与技能的渴求都尤其强烈，因此指导农民开展农业生产的教育培训在不同时期都会出现。

第七位的议题是"文体活动"。随着农民生活日益丰富多彩，无论是农村自发的文艺演出，还是国家、乡镇举办的体育竞赛，文体活动的类型和数量都有所上升了。《人民日报》对于农民文娱场景的展现，体现了农民群体越来越富足的精神文化生活。

第八位的议题是"减负增收"。新中国成立以来，关于农民"减负增收"的例子在不同历史时期均有体现，包括改革开放初期对于农村多种经济经营的认可，后来的发展乡镇企业和粮食购销体制改革，以及取消农业税等。这也表明，符合国家政策引领和农民需求的典型新闻事件势必会得到《人民日报》的青睐。

排在第九位的议题是"四季歌"。农民"四季歌"的报道主要围绕"春耕、夏耘、秋收、冬藏"进行，即对于不同时节农业生产活动的描绘。该类报道在新中国成立初期较为常见，对于增强翻身农民的耕种热情以及后来合作生产的积极意愿，起到了重要作用。近20年来，由于这种议题自身存在的普遍性与广泛性，导致其新闻性与重要性逐渐降低，因此对该议题的报道也大幅减少。

并排在第十位的是"帮扶"和"农民运动与活动"。"帮扶"报道与"社会保障"及"减负增收"类报道有着较为一致的报道倾向，只是更为具象，多为乡村干部或乡镇机关对当地农民进行的扶贫、慰问行动等。而"农民运动与活动"则更具特定时期的历史特点，几乎均为解放战争时期与新中国成立初期围绕各项农村改革运动所进行的报道。

此外，本研究以10年为间隔，将1946—2018年共73年的样本议题属性进行阶段性划分，从中找出每一组中报道量最高的议题属性作为主要议题属性。具体如下。

表3 《人民日报》农民报道议题属性阶段性统计

时间	1946—1955	1956—1965	1966—1975	1976—1985	1986—1995	1996—2005	2006—2015	2016—2018
主要议题属性1	农民运动	"四季歌"	党政活动	新人新事	新人新事	民主与法治	社会保障	民主与法治
主要议题属性2	"四季歌"	政策理论宣传	政策理论宣传	政策理论宣传	民主与法治	减负增收	政策理论宣传	帮扶

续表

时间	1946—1955	1956—1965	1966—1975	1976—1985	1986—1995	1996—2005	2006—2015	2016—2018
主要议题属性3	政策理论宣传	文体活动	农民运动	减负增收	减负增收	社会保障	高新技术与经验推广	医疗、教育和政策理论宣传

通过表3可以看出，解放战争时期以及新中国成立初期，《人民日报》对于"农民运动与活动"和"四季歌"的报道是最多的。通过整段时期的文本分析可以发现，其中主要是针对各地"土地改革"中翻身农民的报道和对"土地改革"等政策的宣传报道。因此此类议题具有极强的历史阶段性。

从改革开放一直到20世纪90年代末，"新人新事"成为《人民日报》农民报道中最主要的议题。同时"政策理论宣传"和"减负增收"议题也占比不小。这主要是由于改革开放后，农村的移风易俗现象以及先进代表典型开始增多，农业技术、农村制度、农民技能与品格都有不同程度的亮点呈现。而在新的时代背景下，将这些新人新事和改革开放的相关政策推广与宣传出去，促成全国范围内的普及和学习，是《人民日报》等主流媒体的重要职责。

从21世纪初至今，"民主与法治"与"社会保障"的农民报道议题交替处于榜首位置。综合两个议题的内涵进行分析，其数量的增多主要包含三点原因：一是由于我国法制建设日臻完善，包括农民在内的社会大众的法律与维权意识都逐渐增强；二是由于21世纪以来，我国针对"三农"问题出台了一系列政策与法律制度，连续性与关注度都达到了一个新的高度，对于农民以及农业生产的保障力度切实加强；三是由于从20世纪末开始"农民工"这一新型农民职业类型出现，"农民工"话题一直到今天仍是《人民日报》农民报道关注的重点之一。

　　除了"民主与法治"和"社会保障"两个议题显著外，"帮扶""高新技术与经验推广""医疗卫生""教育培训"等与经济发展、民生保障密切相关的议题也较为频繁地出现。这充分显现了我国在保障农民基本权益、实施乡村振兴战略、打赢脱贫攻坚战和完善社会主义新农村建设等方面所做出的努力。

第二章 《人民日报》中的农民媒介形象研究

一、农民职业类型形象分析

农民职业类型主要针对农民报道中主人公的具体职业类型进行分析。本研究在已有文献量表的基础上，对667篇农民报道样本做出以下8种农民职业类型划分：个体户、种养大户、家庭农场、党政机关及乡村干部、普通农民、合作社、民营企业、农民工。

通过对667篇样本进行分析，发现报道中的农民职业类型分布如下。

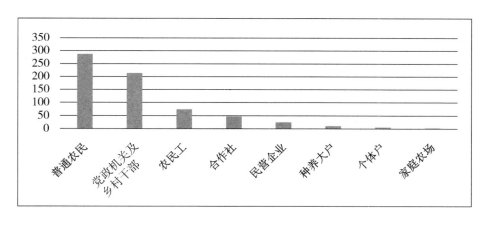

图6 《人民日报》农民报道中的农民职业类型分布（篇数）

报道中排在前三位的农民职业类型分别是普通农民、党政机关及乡村干部、农民工。

《人民日报》的受众面向全国人民。因此即使是针对农民这一特殊职业，考虑到广泛性与代表性，普通农民也依然是占比第一的职业类型，这也与我国的实际国情相符。虽然农民群体的经济来源随着社会的发展已趋向多元化，但广大农村中辛勤耕作的普通农民仍是我国最多、最大的职业群体。

其次，《人民日报》作为我国第一党报，承担着宣传党和国家方针政策的重任。因此党政机关及乡村干部成为报道中数量排在第二的农民职业形象。该类干部形象多为政治信仰坚定、作风正派、纪律性较强的领导班子或个人，起着维系政府机关与农民群体关系、解决农民各种困难的重要作用。

自改革开放以来，我国农民工数量持续增长。尤其在新世纪之初，随着国家鼓励农民工支持城市建设，提出加速城市化发展的决策后，《人民日报》对农民工进城务工现象进行了大量的正面回应与积极引导。

下面针对这三类占比最高的农民职业类型，以10年为间隔，将1946—2018年共73年的样本报道进行阶段性划分，探究其占比变化情况。具体如下。

表4 《人民日报》农民报道中主要农民职业类型数量与占比统计

类型\n时间	普通农民		党政机关及乡村干部		农民工	
	篇数	占比	篇数	占比	篇数	占比
1946—1955	54	49%	44	40%	0	0%
1956—1965	20	36%	16	29%	0	0%

续表

类型 时间	普通农民		党政机关及乡村干部		农民工	
	篇数	占比	篇数	占比	篇数	占比
1966—1975	6	60%	3	30%	0	0%
1976—1985	34	42%	27	33%	2	2%
1986—1995	41	39%	44	42%	1	1%
1996—2005	67	47%	51	36%	17	12%
2006—2015	61	43%	25	18%	46	32%
2016—2018	4	20%	4	20%	8	40%

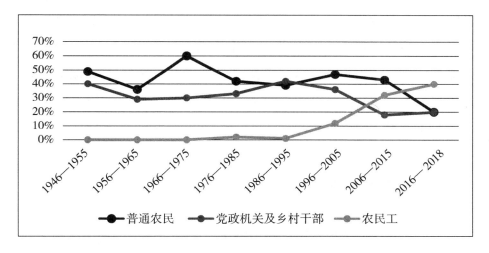

图7 《人民日报》农民报道中主要农民职业类型占比变化（年份）

通过表4和图7可以看出，普通农民虽然整体上处于报道体量最多的农民职业，但近年来存在下滑趋势。党政机关及乡村干部也同样存在这种趋势。而农民工这一职业类型自改革开放以来，报道占比几乎持续呈现大幅度上涨。

从1946年到2018年，农民在《人民日报》中的职业形象之所以会发生以上改变，一方面可能是由于农民群体的现实情况发生了变化；另一方面，可能是因为报纸在选择农民形象的标准方面发生了变化。

从农民工报道数量的激增来看，不仅由于改革开放以来农民工的数量确实是在逐年上升，而且还因为新中国成立以来我国对农村流动人口的控制存在着从严到松的一个转变。2009 年，国内学者胡鞍钢针对新中国成立 60 年以来的农村人口流动，提出"红灯——黄灯——绿灯"理论。该理论将国家针对农村人口流动所制定的政策概括分为三个阶段：1958—1984 年为"红灯阶段"，1984—2000 年为黄灯阶段，2000—2009 年为绿灯阶段。① 《人民日报》农民报道中农民工职业的增长恰好始于"黄灯阶段"，其急剧上涨则恰好处于"绿灯阶段"。也正是在"绿灯阶段"中，我国开始鼓励和支持农民工参加城市建设，并对农民工进城务工现象广泛进行积极引导。这是近 20 年来农民工受到报纸重点关注的重要原因。

二、农民品格形象分析

农民品格主要是指农民报道中的主人公在具体行为中所体现出的精神品质。本研究在已有文献量表的基础上，对 667 篇农民报道样本做出以下 12 种农民品格划分：勤劳、创新、好学、奉献、为群众着想、公正廉洁、坚强、善良、诚信、坚持、负面、无明显品格凸显。

通过对 667 篇样本进行分析，标记出每篇报道中主要体现的品格，最终发现报道中农民品格分布如下。

---

① 胡鞍钢. 中国农民工问题总体趋势：观测"十二五"［J］. 改革，2010（8）.

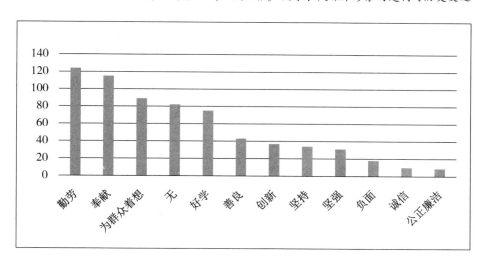

图8　《人民日报》农民报道中的农民品格分布（篇数）

从图8可以看出，上述几种农民品格中，"勤劳""奉献""为群众着想"为《人民日报》主要凸显的品格。此外，由于新闻报道中以客观性语言描述事实的情况较多，因此"无明显品格凸显"也占据了较大比例，其余农民品格所占比例都相对较小。

"勤劳"作为排在第一位的农民品格形象，不仅是以往历史时期我国注重弘扬的传统美德，即使在农业科技急速发展的今天，也仍然是农民不可丢弃的美好品格。近年来我国不断强调要加快农业现代化建设，农业生产也将在很大程度上以机器代替人力，极大地减轻农民的负担，但绝不能忘记，科技也是从勤奋钻研中获得的。因此在广大农村及农民群体中，"勤劳"始终是《人民日报》首要歌颂的农民品格。

而在"奉献"和"为群众着想"这两种品格的相关报道中，尤其以"为群众着想"为代表，除了很少一部分是描绘普通农民的先进事迹外，大部分都是对党政机关及乡村干部的赞扬。这也符合报道议题中"政策理论宣传"以及职业类型中"党政机关及乡村干部"这二者均名列前茅的情况。

此外，针对这三种占比最高的农民品格，以10年为间隔，将1946—2018年共73年的样本报道进行阶段性划分，探究其占比变化情况。具体如下。

表5　《人民日报》农民报道中主要农民品格数量与占比统计

品格	勤劳		奉献		为群众着想	
时间	篇数	占比	篇数	占比	篇数	占比
1946—1955	17	15%	12	11%	13	12%
1956—1965	27	49%	6	11%	9	16%
1966—1975	1	10%	0	0%	1	10%
1976—1985	10	12%	16	20%	10	12%
1986—1995	17	16%	23	22%	12	11%
1996—2005	23	16%	31	22%	25	18%
2006—2015	26	18%	23	16%	17	12%
2016—2018	3	15%	4	20%	2	10%

通过表5和图9可以看出，体现三种主要农民品格的报道在经过一段起伏较大的变化之后，近年来体量趋于平缓。

其中，"勤劳"作为排名第一的农民品格，在历史时期的变化中增减较为明显。相关报道在1956—1965年期间达到了近50%的占比，随后显著下降。这主要是由于这一时期正处于我国开始全面建设社会主义时期，"四季歌"成为《人民日报》农民报道中最主要的议题属性。而"春耕、夏耘、秋收、冬藏"自然少不了农民的辛勤劳作，因此"勤劳"这一品格在此时期也得到最大化的颂扬。

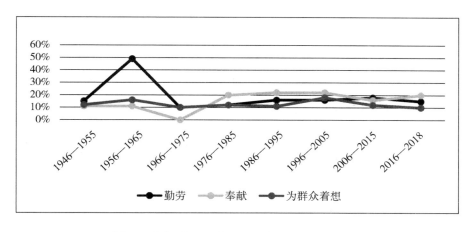

图9 《人民日报》农民报道中主要农民品格占比变化（年份）

"奉献"作为排在第二位的农民品格，占比变化虽不及"勤劳"剧烈，但上下起伏也较为明显。尤其是在1976—1985年，其占比径直上升至20%左右，在此之后趋于平稳。这主要是由于"文革"结束后，改革开放政策初步实施，使得"新人新事"的报道成为很长一段时间内的主要议题属性。而"奉献"无论作为普通农民还是乡村干部的品格，都是新时期内值得重点弘扬的。因此"奉献"类"新人新事"也成为《人民日报》积极报道的对象。

"为群众着想"作为党政机关及乡村干部通常展现出的品格，在整个历史时期中变化最为平缓，占比起伏不超过10%。这说明《人民日报》自始至终都高度重视党员干部的责任意识和为民情怀。在农民报道中，主要体现为对于乡村干部为人民服务、为群众着想的事迹展现。尤其在新世纪之初，当农民报道议题倾向于"民主与法治"和"社会保障"时，这种乡村干部"为群众着想"的典型形象也明显增多。

通过上述分析可以发现，农民品格形象与不同历史时期农民报道的主要议题属性有极大的关联，因此，针对不同时期的不同时代主题进行塑造，是《人民日报》农民媒介形象建构的一个重要特点。

三、农民媒介形象变迁

通过对农民职业类型形象和农民品格形象这两个最为重要的农民媒介形象构成要素进行分析，再结合前文关于《人民日报》中农民报道框架的探究，本研究按照一定的历史时期，将《人民日报》中的主要农民媒介形象分为以下五类。

（一）翻身解放的主体

农民作为"翻身解放的主体"形象出现在《人民日报》上的时间，主要集中在 1946—1957 年。即解放战争时期和新中国成立初期。此阶段"翻身解放"成为农民的重要形象特征而存在。随着"土地改革"与"三大改造"的相继完成，报道中农民作为"翻身解放的主体"的形象出现次数逐渐减少。后来，报道中农民"翻身解放"的形象渐趋消失。

在解放战争和新中国成立初期的背景下，农民作为"翻身解放的主体"形象而存在。其作用体现在以农民这一最广泛群体为代表，反映全国人民在中国共产党带领下推翻反动统治，获得解放，意气风发的精神风貌。进一步分析这一时期的相关报道可以发现，此阶段农民作为"翻身解放的主体"形象伴随着相应的结构框架。《人民日报》在表现农民"翻身解放的主体"形象时，并非单一地叙述其改革情况，其议题属性大致可分为两类：第一类为报道农民自身积极进行土改的盛况，相关报道如《翻身农民欢欣鼓舞　王家对河村开庆祝大会　小平营农户歌唱毛主席》（1946 年 9 月 30 日第 2 版）。第二类为反映农民群体同地主、恶霸以及反动势力等作斗争的革命景象，相关报道如《坚决镇压恶霸地主土匪骚扰　农民武装起来保卫翻身果实　冀鲁豫某地方武装协助农民翻身》（1947 年 9 月 9 日第 1 版）。

整体而言，农民作为"翻身解放的主体"这一媒介形象在解放战争时期与新中国成立初期起到了十分重要的作用。其一，农民作为我国存在最为广泛的群体，"翻身解放"的媒介形象展现了我国农民在党的带领下奔向胜利的态势，同时也打击了敌对势力的气焰。其二，"翻身解放"的媒介形象鼓舞了全国农民的士气，为随后更加积极、热情地参与到土地改革与农业生产活动中奠定了坚实基础。其三，"翻身解放"的媒介形象润物无声地不仅在农民心中生根发芽，更在广大人民群众心中生根发芽，为争取更多的改革成果与生产力量作出了重要贡献。

（二）"贫下中农"

1955 年，毛泽东起草了题为《农业合作化必须依靠党团员和贫农下中农》的党内指示。该文件发布后，"贫下中农"这一词汇开始在各个新闻媒体频繁出现。

"贫下中农"作为农民的主要媒介形象出现在《人民日报》上的时间，主要集中在 1958—1977 年，这一阶段处于人民公社化与"文革"时期。在此期间，"贫下中农"作为无产阶级力量代表的农民媒介形象地位急速提升，形成了影响广泛而深远的一大农民典型形象。

整体而言，"贫下中农"这一农民媒介形象可以说是特殊历史时期的独特产物，作为当时农民的主体形象，它打上了浓厚的时代印记。

（三）生产致富标兵

农民"生产致富标兵"形象出现在《人民日报》上的时间，主要集中在 1978—1991 年，即从改革开放初期一直到 20 世纪 90 年代。此阶段"生产致富标兵"作为农民的重要形象而存在，各类有关农民生产致富的报道呈现出一种井喷式的爆发。

农业作为我国国民经济建设和发展的基础性产业，不仅是对内改革政策发布的起始点，更是保障其他领域进行改革与发展的前提。因此，改革开放初期，《人民日报》不仅专注于报道凭借勤劳耕种致富的普通农民，对于个体户、种养大户乃至部分民营企业中的"生产致富标兵"也都广泛涉及。相关报道如《吸引周围农民联合生产共同致富》（1983 年 1 月 16 日第 4 版）、《农民余建喜投资十二万种粮》（1989 年 3 月 29 日第 2 版）、《农民办起国际海洋运输业》（1988 年 11 月 18 日第 2 版）。

整体而言，"生产致富标兵"这一农民媒介形象自改革开放以来起到了极为重要的作用。其一，改革开放初期，农民生产积极性急需快速而有效的提升，而对"生产致富标兵"的宣传，就是对广大农民群体最直接的鼓励与带动。其二，对内改革的脚步始于农村，但要在全国范围内冲破藩篱全面推广，仍面临一定的阻力，因此无论是针对农业还是其他行业"生产致富标兵"的宣传，都可以助推对内改革政策的全面实施。其三，我国经济在经历了长时间的停滞与衰退后，急需恢复与提升，而农业作为国民经济的基础，只有在自身强劲发展的前提下才能带动其他行业的发展，因此"生产致富标兵"这一农民媒介形象的树立，恰恰可以促进各行各业将工作重点放在经济建设方面。

（四）城市建设者

自20世纪80年代开始，随着我国改革开放愈发深入，越来越多的农村富余劳动力向城市转移，"农民工"这一特殊的社会群体其实在这时就已经产生。这些离乡进城农民在以自己的劳动谋生的同时，也为城市发展提供了丰富的人力资源，对城市的繁荣发挥了不可忽视的作用。但与此同时，也给城市管理等带来了一系列挑战。因此自20世纪90年代初期开始，《人民日报》对农民群体的关注点逐渐投射在农民工身上，一直到今天仍是这样。当前农民工的相关现象与问题，已经成为全社会共同瞩目的话题。而"农民工"也不仅仅只是一个职业类型的名称，更代表了一种深入人心的农民媒介形象，即城市建设者。

进一步分析90年代至今有关"农民工"这一群体的报道可以发现，《人民日报》对农民工进行的广泛报道，并非一味集中于"城市建设者"，即表现农民工对城市建设所做出的辛勤贡献，也反映了强烈的问题意识。一方面，农民工群体的大量涌入，导致城市人口急剧增多，从而加大了城市管理的难度；另一方面，同处城市屋檐下，农民工与城市居民相比，其权益保障等问题更加突出，开始引发媒体的集中探讨。相关报道主要通过两种方式：一是报道农民工群体遇到或存在哪些问题，如《"4050"农民工，真不易》（2013年7月12日第1版）；一是反映各地为解决农民工群体遇到的困难采取了哪些措施，如《山东帮农民工讨薪9.21亿元》（2016年11月28日第22版）。

整体而言，农民工作为"城市建设者"这一农民媒介形象自改革开放以来一直都起着十分重要的作用，生动记录了时代的发展与变迁。这一农民媒介形象既展现了社会主义市场经济条件下农民形象的演化过程，又反映了一个全新时代中农民相关问题的产生、发现与解决。

（五）新时代乡村振兴的中坚力量

党的十九大提出大力推进农村振兴战略，这也是加快农业和农村现代化，增进亿万农民幸福感，实现中华民族伟大复兴的必然要求。实施乡村振兴战略，农民是主体，人才是关键。在这样的时代背景和号召下，近年来，农民群体中开始涌现出一批又一批的"新农民"，尤以"新型职业农民"为著。"新型职业农民"是指具有较高科学文化素质、掌握现代农业生产技能、具备一定经营管理能力，以农业生产、经营或服务作为主要职业，以农业收入作为主要生活来源，居住在农村或集镇的农业从业人员。① 习近平总书记在参加 2017 年"两会"四川代表团审议时便提出，要就地培养更多爱农业、懂技术、善经营的新型职业农民。② 新农民的产生和发展无疑对促进城乡统筹、社会和谐，打赢脱贫攻坚战，建设新型农业生产经营体系和转变农业发展方式具有重要的意义。因此，"新时代乡村振兴的中坚力量"这一农民媒介新形象应运而生。

随着中国城市化的发展，大量农业从业人员涌入城市，农村劳动力"空洞化"问题日益突出。此时，现代农业的发展是实施农村振兴

---

① 李灵娥．"农民大学生培养计划"教学模式创新研究——以新型职业农民培养为视角［J］．科技视界，2017（11）：82－83.
② 九字定义新型职业农民［EB/OL］．央视网，2017－04－13.

战略的重中之重。让农村能有大批新农民或农业技术人员接受培训，培养其掌握现代农业生产技术，才能为农业注入新鲜血液，为新时代实现乡村振兴提供中坚力量。纵观这几年来《人民日报》对"新农民""新型职业农民"的相关报道，不难发现，《人民日报》对农民"新时代乡村振兴的中坚力量"这一媒介形象的建构是通过三个角度实现的。第一，宣传和强调"新农民"群体对我国实施乡村振兴战略、推进社会主义新农村建设的重要作用和意义。相关报道如《让"新农民"耕耘希望田野》（2017 年 11 月 28 日第 5 版）、《新机遇呼唤更多新农民》（2017 年 12 月 20 日第 5 版）、《培育"新农人"带富新农村》（2018 年 8 月 22 日第 11 版）等。第二，聚焦中国传统农民向新型职业农民转化的过程以及各地培育新型职业农民所取得的一系列成果。相关报道如《新型职业农民培育工程全面启动》（2015 年月 11 日第 10 版）、《全国新型职业农民突破一千五百万人》（2018 年 5 月 20 日第 2 版）、《新型职业农民去年人均农业经营纯收入 2.78 万元》（2018 年 10 月 28 日第 2 版）等。第三，围绕"新农民"群体提出政策调整和未来发展建议，以期让这一群体更充分地发挥其乡村振兴中坚力量和致富带头人的作用和价值。促进国家采取一系列支持政策，鼓励和吸引外出务工者返回家乡，加强对新型农民和农业技术人员等新农民群体的指导和培训。相关报道如《新农民培育应发挥市场作用》（2017 年 3 月 13 日第 11 版）、《多给"新农民"搭把手》（2017 年 12 月 20 日第 5 版）、《拓宽新型职业农民培育渠道》（2018 年 5 月 9 日第 15 版）等。

新时代，新农村，新农民，新希望。农民群体"新时代乡村振兴的中坚力量"这一媒介形象的建构，不仅是当下对农民群体呈现的新面貌做出的客观描绘，更是对农民群体的未来发展所寄予的厚望。深耕农村人才成长的土壤，将使越来越多的农民有能力生产，有方法经营，有精神追求，从而培育出更多扎根农村的时代新农民，为建设社会主义新农村注满一池人才"活水"，助推"新农民"成为未来农业生产的主力军和乡村振兴的生力军。

第三章　关于建构新时代农民媒介
形象的建议

一、多视角是塑造农民媒介形象的关键

在塑造角色形象时，媒体除了遵循新闻写作的基本原则外，还应尽一切努力打造角色的多样性和立体性。农民放在大的社会背景下是一个群体，但每一个农民首先都是作为个体、作为一个鲜活的人而存在的。因此，在展示农民形象时，媒体不仅应该看到农民群体的宏观形象，还应该看到他们作为个体的多样性和立体性。

与此同时，当农民被视为职业身份时，农业和农村地区与之最为密切相关。所以，关于农民的报道几乎不会脱离农业、农村而单独存在，在叙述农民的具体行为时，多数与农业生产或农村环境相关。因此，在塑造农民形象时，不仅要关注个体的特殊性，还要关注农民的普遍性状况。

上述两点在《人民日报》中则具体表现为媒体的报道视角问题。虽然《人民日报》自身的定位很大程度上决定了报道的视角，但这不应该成为其报道视角单一的理由。比如，在对农民的报道中，乡村干

部这类农民形象报道量排在第二。但是就农村现实情况来讲，乡村干部仅占农民总数的很小一部分，总是强调他们的成就，会在一定程度上使媒体呈现出的农民形象与现实情况存在偏差。其次，即使是对这类干部进行表扬，也不必总是把其构建到"完美无瑕"的地步，而到应该深入到他们的真实生活当中，把他们还原成一个活生生的"人"。

二、提升报道体裁多样性，着力加强农民人物特写报道

在新时期，《人民日报》关于农民的报道仍主要呈现为消息和通讯。消息体裁的数量在整个历史时期居于首位，基本稳定在50%以上。但从趋势上看，近年来消息体裁占比有所下降，其原因主要是由于通讯和评论体裁的增长。这说明《人民日报》最新一段时期对于农民形象的刻画开始追求丰富与多元，但力度仍有不足。人物特写体裁的缺失就是最好的例证。

体裁简短的报道只能简单地介绍农民相关活动，不能生动具体地塑造农民的形象。因此《人民日报》在报道新时代的农民时，应该丰富报道体裁，有意识地树立新时代农民的典型事例，从而塑造农民在新时代具有代表性、深入人心的形象。基于此，势必要着力加强农民人物特写报道。因为人物特写是最能展现被报道对象故事性与人物特性的体裁，能够大大增强所塑造的农民形象的生动性和感染力。

在注重人物特写的基础上，也不能忽视评论与社会来信这两种体裁在现今存在的功用。

如果说人物特写是直接塑造农民的形象，那么新闻评论则是间接地展示农民的形象。新时代改革开放不断深化，媒体面临着错综复杂

的舆论环境，网络中关于农民相关议题的讨论此起彼伏，仅靠消息、通讯和人物特写是不能适应当前农民形象的塑造环境的。因此需要适当增加新闻评论，及时引导涉农舆论，解读农村改革和农业现代化建设等相关内容，增强新时代农民形象的自主生成和有效引导。

《人民日报》近20年来社会来信体裁占比不断下降，这主要是因为随着互联网等新媒体的发展，反映社情民意的主要渠道以及报纸的受众群体都有所转移。但在塑造新时代农民的形象时，实则可以借鉴历史经验，转而在渠道与形式上寻求突破。例如利用网络开通与农民群体的互动平台，广纳民意，并在此基础上顺应媒介融合的潮流，利用H5、短视频、VR等先进多媒体技术，增强农民形象的鲜活性。

三、聚焦农业农村现代化进程中的最新成果与问题

21世纪以来，我国已发布了16个关于指导"三农"工作的中央"一号文件"。2019年的最新文件题为《中共中央国务院关于坚持农业农村优先发展做好"三农"工作的若干意见》。由此可见，在全面建成小康社会的决胜期，党和国家对于农业现代化进程、农村改革以及农民生活质量的提升极为重视。

《人民日报》在过去的一段历史时期内对于"三农"问题的最新进展已较为关注，但在2020年全面脱贫即将到来之际，农业农村的现代化建设显得尤为关键，因此可以重点报道农业农村现代化进程中产生的最新成果，让广大人民群众增强脱贫攻坚与全面建成小康社会的信心，鼓舞社会各个阶层对实现中华民族伟大复兴的热情。

实现以上目标可具体从两方面着手。

第一，增加农民报道量，全景式展现新时代农民形象变化的最新进展。从历史角度看农民在《人民日报》中的报道量，建国初期、改革开放初期以及 21 世纪初期维持在一个较高的水平。但近十年以来，《人民日报》关于农民的报道量呈逐年下降趋势，这对于我国农业农村现代化建设和新时代农民形象的展现是不利的。因此，新时代《人民日报》在塑造农民形象时，要使农民报道热度常态化，及时增加农民的相关报道，充分展现农民相关领域的最新状况和成就，为实现全面建成小康社会的目标营造良好的舆论氛围。

第二，提高农民报道头版指数，凸显新时代农民在实现"中国梦"中的重要位置。《人民日报》中农民报道的头版指数在 20 世纪五六十年代达到一个峰值后，一直处于下降趋势。到了近十年来，仅有 6% 左右。要提高全社会对于农业农村建设的关注程度，一个重要指标就是提高农民报道的头版指数。新时代我国要实现从"富起来"到"强起来"的历史转变，农业农村现代化是重要标志，这表明农民报道的重要性在进一步凸显。因此《人民日报》在塑造农民形象时，要适时提高农民报道头版指数。

02 第二部分

《人民日报》关于工人典型王进喜的媒介形象建构与历史变迁

方增泉　许金鸽

摘　要　媒体是连接"历史"与"现在"的桥梁，既是历史的传承者，又是关于历史认知的构建者。它在宣传典型人物、引导舆论中起着至关重要的作用。随着媒体组织的改革、文化氛围的多元化等变化，典型人物报道该如何开展成为新闻研究的热点话题。

本部分以《人民日报》中涉及王进喜的报道为研究对象，通过数据统计和分析整理，列出有效文本共计540篇，研究这些新闻报道中所塑造的王进喜媒介形象及其背后的精神内涵，并在此基础上从媒介自身和媒介生态两个方面，分析王进喜媒介形象建构的经验。

研究发现，王进喜的媒介形象并非一成不变，而是动态变迁的。《人民日报》中王进喜的媒介形象呈现出"精神符号""工业楷模""各行各业的榜样"三个鲜明的历时性形象，这些形象变化在国家领导人的讲话以及报道中也有所体现。王进喜形象的精神内涵则经历了"革命加拼命的英雄精神""强烈的阶级意识""社会主义建设的楷模精神""艰苦创业精神""劳模精神"几个阶段。《人民日报》中王进喜形象的发展受传播观念、媒介经营管理、媒介生态环境以及受众心理等内外因素的影响。在确定王进喜形象当代价值的基础上，笔者认为立体化形象塑造、回归人物本真、平衡教育性与新闻性是完善王进喜形象塑造的关键。本研究分别从报道内容、报道观念、报道视角、报道方式、报道体裁等方面着眼，对王进喜形象塑造提出一定的建议。

　　有关王进喜形象的报道，实质上是"因人而事迹"的过程。媒体不断丰富王进喜的事迹，使其从早期的英雄模范人物发展成为一种精神符号，甚至是一个群体的象征，对于弘扬主流价值观、传承中华民族优秀传统文化以及促进社会主义现代化建设均具有积极意义。本部分旨在通过研究主流媒体对王进喜形象建构的过程，分析政治、经济、文化等社会环境与媒体之间的深刻关联及其对舆论引导和典型人物报道的重要影响，促进新闻报道质量的提升。

绪　论

一、研究背景

　　王进喜（1923 年 10 月—1970 年 11 月），出生于甘肃玉门，因用自己的身体制服井喷而家喻户晓，在工作岗位上兢兢业业，积劳成疾，因患胃病医治无效逝世，享年 47 岁。

　　曾先后在玉门和大庆等地担任钻井队司钻、队长的王进喜，是新中国成立后的第一代钻井工人。1958 年，他带队创造单月钻井井尺 5009 米的全国最高纪录。1959 年，王进喜被评为全国劳动模范。1960 年，他又带领 1205 钻井队连续取得罕见的"四开四完""五开五完"的优秀战绩，到年底，队伍接连创造出"打井 19 口""进尺 21258 米"等 6 项纪录。1960 年 3 月，王进喜带队参加大庆石油会战，由于条件限制，队伍使用"人拉肩扛"的方法搬运钻井。水源不足时，他以"盆端桶提"破冰取水。井喷突发，现场没有压井的重晶石粉，他以水泥充当；没有现成的搅拌机，他不顾腿伤，率先跳入泥浆池里，用身体搅拌。20 世纪 60 年代中期，王进喜带领的两支钻井队相继创造年进尺 10 万米的纪录。1964 年年底，王进喜当选第三届全国人大代表。

梳理"铁人"王进喜的影响从大庆走向全国的过程，早期有两篇通讯《大庆精神大庆人》（1964 年 4 月）、《工人阶级的光辉形象——王铁人》（1966 年 1 月），让全国人民全面了解到"铁人"的事迹，此后电影《创业》、艺术纪录片《大庆战歌》、电视连续剧《铁人》等，对深化铁人精神发挥了重要作用。铁人传记文学也应运而生，有张怀德的《铁人王进喜》（1997 年），孙宝范、卢泽洲执笔的《铁人传》（2000 年），戴祝文的《铁人之路》（2001 年）等。

媒介是传扬王进喜精神的重要载体，对王进喜形象与精神的构建有重要作用。而报纸作为自始至终参与王进喜报道的媒介，其记载具有划时代的意义。本部分即以全国最具权威性的报纸——《人民日报》的报道为样本，研究王进喜形象和精神的传播、报道过程。

二、研究意义

本部分的研究意义在于通过对《人民日报》这一主流媒体对王进喜形象的构建进行分析，以人物为主线，探究典型人物报道的发展路径，了解媒体的改革与变化在其中起到了何种作用，进而对我国社会生态与媒体传播的相互影响有较深刻的认识。王进喜是时代楷模，铁人精神值得我们永远学习，而将精神具象化是学习王进喜的最佳方式。这也是本部分的研究意义之一。

三、关于王进喜媒介形象的研究现状

目前没有关于王进喜的媒介形象研究。对王进喜研究的书籍都是早期对于王进喜生平事迹的还原，包括文字记录、摄影集等，可以作为探讨王进喜的精神品质的参考。如《中国工人阶级的先锋战士铁人王进喜》一书（人民美术出版社，1977 年）主要汇集了王进喜的生平事迹和图片。此外，还有人民出版社出版的《大庆"铁人"王进喜》《学习铁人王进喜》等，也是对铁人王进喜事迹的记载与叙述。

以王进喜为研究对象的论文文献中没有针对纵向时间上的王进喜媒介形象的研究，主要是新闻报道、王进喜纪念馆的作用、铁人王进喜的事迹与回忆录、铁人精神、社会影响等方面的内容。

在哲学领域内，目前的研究分别从王进喜的哲学智慧和王进喜精神两个维度进行。关于王进喜的哲学智慧方面，马英林的《谈谈铁人王进喜的哲学思想》（2008 年）提出，王进喜不是在书本中学到了哲学，而是从生活中讨到了哲学，并将逻辑轮廓概括为三个主要观点、三个方面的辩证法以及两条思想主线。① 李晓梅、宋玉玲的《铁人精神的基本哲学内涵及其当代拓展》（2012 年）指出，从哲学层面上看，王进喜精神体现的正是中国工业文明发展过程中的人文主义精神，这种人文主义精神的内容构成了铁人精神的基本哲学内涵。②

对铁人精神的研究主要是基于铁人事迹与社会现象。曹荣辉的《铁人王进喜的人生轨迹与价值追求》（2011 年）根据铁人王进喜人生轨迹的四个逻辑点即蹲井、跑井、护井、恋井，探究王进喜的价值追求，指出"铁人"不仅仅是王进喜的个人称号，也是一个民族的集

---

① 马英林. 谈谈铁人王进喜的哲学思想［J］. 大庆社会科学，2008（4）：47 – 51.
② 李晓梅，宋玉玲. 铁人精神的基本哲学内涵及其当代拓展［J］. 大庆社会科学，2012（1）：36 – 38.

体记忆。① 刘仁等人的《铁人王进喜品格风范初探》（2007 年）指出目前对王进喜品格的探讨浮于表面，并将铁人精神与品格风范的关系概括为升华与基础的关系。② 马英林的《铁人精神：从民族遗产到文化现象》（2010 年）以"民族遗产—文化现象"的基本脉络研究铁人精神，认为"铁人文化现象"是现实生活中铁人精神的存在状态，是铁人精神生命力的具体表现。③

四、研究方法

第一，内容分析法。主要是对王进喜形象显在的信息进行阐述。在《人民日报》图文数据库中搜索含有"王进喜"字样的新闻报道，出现 953 条记录。在去除同名同姓的文本的基础上，对只涉及王进喜名字但不涉及王进喜事迹品格的报道不列入样本，整理后共计 540 篇文章可以作为研究样本，用作分析王进喜形象的前期原始素材。对原始素材进行整理，梳理出报道的时间、体裁、地点、人物身份、精神品质。界定好人物身份与精神品格后，进行记录分析，并据此对《人民日报》中呈现的王进喜形象进行阐述与解读。

第二，文本分析法。阅读 540 篇有效文本，分析不同的报道语境下王进喜媒介形象受到的影响，并结合文本中的社会环境背景，阐述王进喜形象精神内涵的变化。对有关王进喜的报道内容和文字文本进

①　曹荣辉. 铁人王进喜的人生轨迹与价值追求［J］. 大庆社会科学，2011（5）：17 – 26.

②　刘仁，王广玉，屠凤兰. 铁人王进喜品格风范初探［J］. 大庆社会科学，2007（1）：51 – 54.

③　马英林. 铁人精神：从民族遗产到文化现象——纪念铁人王进喜逝世 40 周年［J］. 大庆社会科学，2010（4）：25 – 27.

行深层次分析、对比，描述典型报道中的时代印记，与内容分析法形成互补，从而更好地为研究服务。

具体研究内容如下：

《人民日报》对王进喜的报道自 1958 年开始。本研究对 1958 年到 2016 年间《人民日报》对王进喜的报道进行全样本统计分析，避免抽样调查以及样本选择造成的误差，以期最大程度上接近王进喜的媒介形象。

选择《人民日报》作为研究样本的原因有两点：一是《人民日报》是中国第一大报，是最具权威性和影响力的全国性报纸，研究更具代表性；二是早期影响力较大的通讯《大庆精神 大庆人》《中国工人阶级的先锋战士——铁人王进喜》等都曾刊登在《人民日报》上，《人民日报》对王进喜的报道非常重视，数据分析更有价值。

受实践的中介体系的影响，人的物质活动具有实在性、直接性，这就决定了其所指对象的唯一性、对应性和明确性。而精神活动由于符号系统的抽象性、间接性，其指向对象具有广泛性、超越性和无限性。[①] 有关王进喜事迹和精神的报道与建构是本部分的研究重点。

---

① 庞景君. 论人之自我超越的维度与理想人格的重建 [J]. 求是学刊，1996（3）：25
－29.

第一章 《人民日报》中王进喜形象的精神内涵和变迁

一、依据报道主题分析王进喜精神内涵

《人民日报》对王进喜的报道主题直接反映王进喜精神的内涵。报道主题在近 60 年的时间跨度内，呈现一定的变化趋势。媒体选择文本的标准是具体的、历史的、发展变化的，不存在永恒不变的选择标准。这种选择与强调实际上就是新闻框架。美国传播学者吉特林认为："媒介框架是筛选、强调和排除新闻的过程。"① 通过这种框架，媒体完成了报道主题和传播内容的选择。

（一）"文革"以前：革命加拼命的英雄精神

"文革"前，《人民日报》对王进喜的报道主要集中在其惊人的工作业绩和革命干劲，以光辉的英雄模范的框架筛选报道材料，表达情

---

① 黄旦. 传者图像：新闻专业主义的建构与消解［M］. 上海：复旦大学出版社，2005：231.

感倾向。

表7 1966年以前《人民日报》中王进喜报道主题列表

报道主题	突出的工作业绩	革命精神	以毛泽东思想武装	牺牲个人的一切	传授技术
数量（个）	4	4	3	2	1

新中国成立后，百废待兴，改变贫穷、落后的状况，加快国家建设的步伐，需要革命加拼命的精神，需要勤恳工作、奋发有为的热情。相应的，英雄主义的话语建构方式与榜样示范作用是主流媒体的典型报道方式。1960年11月6日第7版《油城跃进势接天》中提道："王进喜钻井队在1958年一年内的钻井进尺，比玉门油矿解放前十年内钻井进尺的总和还多两千多米。"① 通过对比，突出强调了王进喜敢于拼搏的英雄精神。

（二）"文革"期间：强烈的阶级意识

"文革"期间，《人民日报》中王进喜的报道主题发生明显变化，捍卫毛主席革命路线、支持"文化大革命"占报道总量的44.0%，革命加拼命精神与艰苦奋斗的铁人精神占41.6%，强烈的阶级意识在"文革"期间成为报道的主流。

---

① 黄云滨. 油城跃进势接天［N］. 人民日报，1960 - 11 - 06（7）.

表8 "文革"期间《人民日报》中王进喜报道主题列表

报道主题	捍卫毛主席革命路线，支持文化革命	革命加拼命精神、艰苦奋斗的铁人精神	深入基层	主人翁式的民族责任感	工人阶级、党员、干部、工人、家属	社会主义建设
数量（个）	147	139	13	11	7	4
报道主题	歌颂党的领导	突出的工作业绩	科学求实	培养下一代	"三老四严"作风	
数量（个）	3	3	3	2	2	

（三）80年代：社会主义建设的楷模精神

80年代，王进喜的主人翁式实干精神、共产主义理想、甘于奉献的精神，成为《人民日报》的报道主题。

表9 1977—1989年《人民日报》中王进喜报道主题列表

报道主题	社会主义建设（物质＋精神）	革命加拼命、艰苦奋斗的铁人精神	突出的工作业绩	科学求实
数量（个）	7	7	6	1

这一阶段的王进喜是社会主义物质文明和精神文明建设的楷模。《人民日报》对王进喜的报道，突出其"党员""工人""干部"的身份，都是基于社会主义物质文明和精神文明建设的报道框架。

物质文明的报道主题是王进喜对于石油业发展的工作业绩，这是有关王进喜的报道一直倡导的。精神文明的报道主题涵盖共产主义实践、主人翁式的实践、崇高理想、为人民服务的奉献精神等方面。1979 年中共十一届四中全会最早明确提出建设社会主义精神文明。1982 年的中央政治局会议上，首次提出建设社会主义精神文明是坚持社会主义道路的"四项必要保证"之一。① 1987 年 4 月 24 日第 1 版的《正确认识新时期我国工人阶级的地位和作用》提道："孟泰、王进喜、赵春娥、蒋筑英等优秀代表身上集中体现的革命传统、崇高理想和时代精神，已经成为我国社会主义精神文明的重要组成部分。"② 将王进喜等人的革命传统、崇高理想、时代精神都概括为社会主义精神文明的组成部分。

（四）90 年代：艰苦创业精神

综观王进喜短暂的一生，27 年扎根大西北，20 年投身于大庆油田建设，艰苦的环境与工作条件涵养了王进喜艰苦奋斗的精神品格。③

到了 90 年代，适应社会主义市场经济体制以及两个文明建设的需要成为我国新闻改革总的方向④，艰苦奋斗和艰苦创业精神受到特别重视。党的十四届六中全会《决议》指出："在全民族树立艰苦创业精神，是实现社会主义现代化的重要思想保证。"1999 年 9 月 22 日第 5 版《美丽的油城——大庆》写道："会战中，以铁人王进喜为代表的

---

① 杜重年. 社会主义思想史上是谁最先提出了精神文明的概念？[J]. 党校科研信息，1990（7）：9 - 11.

② 倪志福. 正确认识新时期我国工人阶级的地位和作用 [N]. 人民日报，1987 - 04 - 24（1）.

③ 刘仁，王广玉，屠凤兰. 铁人王进喜品格风范初探 [J]. 大庆社会科学，2007（1）：51 - 54.

④ 蒋晓丽、李建华. 中国新闻传媒 30 年巨变及其反思 [EB/OL]. 人民网，2009 - 07 - 08.

石油工人头顶蓝天，脚踏荒原，进行了艰苦创业。没有吊车，他们人拉肩扛把钻机运到井场；没有房子，他们砌起'干打垒'……"① 即是将早期王进喜的艰苦奋斗精神依托社会主义现代化建设的背景，融入时代特色，定义为艰苦创业精神。

表10 20世纪90年代《人民日报》中王进喜报道主题列表

报道主题	艰苦奋斗、艰苦创业的精神	国家责任感	革命加拼命精神	优秀党员代表	社会主义建设（物质＋精神）
数量（个）	27	10	8	7	6
报道主题	自力更生、奋发图强的精神	共产主义理想	阶级斗争的受害者	"三老四严"的作风	孝顺父母
数量（个）	3	2	1	1	1

（五）新时期：劳模精神

进入21世纪以来，《人民日报》对王进喜的报道日趋多元化，身份属性、价值追求、实干精神、艰苦奋斗精神等构成新时期王进喜的多元化英模精神品格。

---

① 贺海滕，徐大勇，郑勇．美丽的油城———大庆［N］．人民日报，1999－09－22（5）．

表11 21世纪《人民日报》中王进喜报道主题列表

报道主题	艰苦奋斗、艰苦创业精神	优秀党员、党员干部	主人翁意识、国家责任感	劳动模范、英雄模范	无私奉献的道德品质、价值观	革命加拼命的精神	科学求实、技术革新
数量(个)	53	33	30	20	18	16	
数量(个)	53	33	30	20	18	16	
报道主题	社会主义建设	实干精神、争先创优	工作业绩突出	爱岗敬业	工匠精神	深入一线工作	
数量(个)	9	8	4	2	1	1	

2016年，"工匠精神"首次被写入政府工作报告。2016年4月19日，《人民日报》第20版读者来信《时代呼唤"工匠精神"》中提道："'工匠精神'成就了'两弹一星'等事业，也涌现出了钱学森、陈景润、时传祥、王进喜、许振超等一大批追求卓越、爱岗敬业的代表人物。"[①] 王进喜努力拼搏、爱岗敬业的精神与工匠精神不谋而合，成为时代的新兴精神。2003年10月8日的《人民日报》报道提道："铁人之所以能为我国石油工业的发展立下不朽功勋，很重要的一个原因是他掌握了当时最先进的钻井技术，站在了当时世界钻井技术的最前列。"[②] 文中首次突出了王进喜的钻井技术，赋予铁人精神以新的内涵。

---

① 黄庆畅.时代呼唤"工匠精神"（金台视线）［N］.人民日报，2016－04－19（20）.

② 宋法棠.弘扬铁人精神推进伟大实践——纪念王进喜同志诞辰八十周年［N］.人民日报，2003－10－08（12）.

二、王进喜精神内涵的变迁

铁人精神是"爱国、创业、拼搏、求实、奉献"的大庆精神的典型化、人格化，主要包括："为国分忧、为民族争气"的爱国主义精神；"宁可少活20年，拼命也要拿下大油田"的忘我拼搏精神；"有条件要上，没有条件创造条件也要上"的艰苦奋斗精神；"干工作要经得起子孙万代检查""为革命练一身硬功夫、真本事"的科学求实精神；"甘愿为党和人民当一辈子老黄牛"，埋头苦干的奉献精神等。①随着时代的变迁，铁人精神不断发展丰富，日渐充盈饱满。青年学者王辰瑶曾指出，只要报道没有终止，"雷锋"这一典型形象肯定会增添新的内涵。② 王进喜形象的塑造亦是如此。

（一）"文革"以前：英雄主义至上的铁人精神

1959年，王进喜参加群英会，"泪洒沙滩"是其思想的一个转折点。从个人争强好胜的为打井而打井到强烈的振兴民族尊严的责任感，这是英雄思想高度的一种提升。通过阅读样本不难发现，涉及王进喜的报道最初以"王进喜""王进喜带领的1205钻井队""王进喜奋战的大庆油田""王进喜所在的钢铁井队"等作为报道对象，围绕王进喜个人展开论述，突出王进喜个人的工作业绩与奋斗精神。大庆则是英雄主义带动下的集体典型。没有王进喜，也就没有相应的关联

---

① 安丽. 解构铁人精神的形成过程［J］. 东方企业文化，2012（2）：48.
② 王辰瑶. 嬗变的新闻——对中国新闻经典报道的叙述学解读（1949—2009）［M］. 北京：中国传媒大学出版社，2009：110.

性报道。正是通过对王进喜的集中报道，连锁式跟进了对钻井队伍、石油企业甚至工业产业发展变化的广泛报道。

恢复和发展国民经济是新中国面临的最大问题。直到"文革"前，典型报道主要集中在两方面：一是解放战争和朝鲜战场上涌现的战斗英雄，如射击英雄魏来国、炸碉堡的英雄董存瑞、堵枪眼的英雄黄继光等；二是先进生产模范，如纺织女工郝建秀、邮递员姚濯新、鞍钢工人王崇伦等。虽然前者强调战争中的流血牺牲，后者强调生产上的突出表现，但二者存在共通的叙事模式——革命英雄主义的宏大叙事。而从时间上来看，前者对后者存在一定的影响，《人民日报》对王进喜的报道就是在这种影响下进行的。

（二）八九十年代：倡导集体意识的大庆精神

大庆精神是"爱国、创业、求实、奉献"的精神，这也是铁人精神的本质内涵，可以说，大庆精神与铁人精神是一致的。大庆精神在某种程度上是在为铁人精神注入新鲜血液，更是对集体意识的倡导。

通过对样本的纵向分析发现，"文革"之后，《人民日报》对王进喜精神的宣传、报道与大庆工业的发展密不可分。如1990年5月2日第1版的文章《大庆精神的新乐章——记为高产稳产而艰苦奋斗的大庆人》中提道："如果说老一代'铁人'为中国石油工业的开基创业、为'把用洋油的帽子甩进太平洋'立下了不朽功勋的话，那么可以说，新一代'铁人'为创造大庆持续稳产高产的奇迹，立下了令世人瞩目的汗马功劳。"① 文章分别报道了老铁人王进喜、刘国恩、朱国

---

① 蒋耀波，谢金虎. 大庆精神的新乐章——记为高产稳产而艰苦奋斗的大庆人［N］. 人民日报，1990 – 05 – 02（1）.

棋、葛祖尧、辛克成、李金范与新铁人李文英、吴成林等人的事迹。一些科学求实的知识分子唐曾熊、贾身乾等也加入其中。大庆精神成为王进喜铁人精神的延伸，更是王进喜铁人精神榜样示范作用的成果。

"榜样示范功能是具体而实在的，甚至是实用的。"① 宣传榜样的最终目的是塑造与榜样的观念、行为相似的个人或群体。作为现实存在的大庆集体，是一个个鲜活存在的个体的集合，大庆精神在铁人王进喜优秀的精神品质基础上丰富发展，也是基于对现实社会环境下的集体意识的培养，传达共同的精神与价值观。

（三）新时期：主流价值观引导下的时代精神

在当代，《人民日报》对于王进喜精神的报道，突出强调主流价值观主导下的时代精神。《人民日报》在报道中挖掘王进喜的各种身份属性，包括干部、工人、党员、创业者、英模等，从多个侧面表现出王进喜精神。2013 年 2 月 25 日，《人民日报》的文章《为国家操劳为百姓打工》中强调王进喜作为基层干部的党员品格。2016 年 4 月 19 日的读者来信《时代呼唤"工匠精神"》，将王进喜的精神赋予新的时代特色，即追求卓越、爱岗敬业的工匠精神。2016 年 6 月 29 日的文章《梦想 道路 旗手（纪念中国共产党成立 95 周年）》歌颂其作为党员，响应党的号召，带领广大群众自力更生、奋发图强……这些都是早期《人民日报》有关王进喜的报道所不具备的，是《人民日报》对其形象、精神的再建构与重塑造。

"进入新世纪，中国传统的意识形态较之以前在淡化，意识形态价值取向多元、分散，各种社会思潮多元化、利益格局复杂化、社会

---

① 姚福申. 新时期中国新闻传播述评［M］. 上海：复旦大学出版社，2002：455.

分层细化。"① 在这样一种背景下，发挥媒体作用、强化典型报道、引导社会舆论已经成为提高党的执政能力的重要方式。《人民日报》在主流价值观的引导下，适应受众的期待与社会环境的变化，调整有关王进喜的典型报道方式，赋予了王进喜精神以新的时代意义。

---

① 李继东，胡正荣．中国政治意识形态与传媒改革：关系与影响［J］．新闻大学，2013（4）：10－16，49．

第二章 《人民日报》中王进喜形象
与精神变迁的成因

一、从媒介自身的角度：按照新闻规律办事

《人民日报》中王进喜的形象发展归根结底是因为王进喜的媒介形象必然受到媒介本身的影响。中国新闻事业在自己的发展进程中形成了两个明显的传统：论政传统和政治家办报的传统。① 纵观整个新闻传播史可以清晰地看到，新闻改革直接影响了《人民日报》中王进喜形象的变迁。

（一）新闻传播观念：政治报道标准

通过将《人民日报》中王进喜的形象与河南人民出版社出版的《中国工人阶级的先锋战士：铁人王进喜》、人民出版社出版的《学习铁人王进喜》《大庆"铁人"王进喜》等关于王进喜生平事迹的书籍进行对比发现，《人民日报》对王进喜的形象塑造同样真实感人。

---

① 吴廷俊. 中国新闻史新修［M］. 上海：复旦大学出版社，2008：13.

改革以前，传媒界的叙事轨迹几乎没有发生变化。不管报道内容如何，政治是首要的报道标准。典型报道的主要特征是遵循意识形态的要求，去报道适合推动工作的典型。① 这样一来，典型报道中的政治内涵必然凸显。王进喜的英雄形象正是在这种传媒报道轨迹中成型的。

20 世纪 80 年代初，新闻传播界、思想界呈现前所未有的活跃状态。尤其是"三论"以及传播学的引入，为中国传统的报道理论注入了新鲜血液，拓展了新闻工作者的思维空间。② 新闻叙述也发生了很大的变化。

新时期，《人民日报》中关于王进喜的文本很多是依托大庆动态、"新铁人"新闻、影片上映以及应时的评论，在结合时效性、重要性前提下的新闻报道。王进喜的形象逐渐饱满起来，除强调其工作业绩与政治属性之外，"孝顺父母""技术传承""深入一线""与群众打成一片"等成为对其形象与精神的补充，这从侧面反映了《人民日报》信息意识、受众意识与反馈意识的增强。

（二）媒介经营管理：市场理念的引入

"直到 1987 年，新闻事业和广播电视事业首次被国家科委纳入'中国信息商品化产业'序列，国家对新闻事业信息产业属性正式确认。1992 年，国务院发布的《关于加快发展第三产业的决定》，将新闻传播事业列入第三产业的范畴，传媒业的信息产业属性正式得到国

---

① 陈力丹. 陈力丹自选集·再谈淡化典型报道观念 [M]. 上海：复旦大学出版社，2004：167.
② 吴廷俊. 中国新闻传播史 [M]. 上海：复旦大学出版社，2011：61–73.

家政策规划的认可。"① 而随着我国社会主义市场经济体制以及传媒产业属性的确立,新闻事业体制也发生了巨大的变革。大多数传媒组织开始实行"事业单位,企业管理,独立核算,自负盈亏"的管理模式。

《人民日报》在市场竞争环境下,其报道内容和形式也在创新发展。改革开放后,《人民日报》对王进喜的报道体裁出现调整。副刊体裁、图片报道明显增多,报道体裁的多样化显著。版面语言由最初的"为革命艰苦奋斗终身"的豪言壮语到如今"穿越半个世纪的精神之光"的新潮评论,灵活、时尚的语言在《人民日报》中屡见不鲜。另外,报道版面后移的现象非常明显,早期涉及王进喜的报道头版居多,新时期除领导探访大庆、王进喜诞辰纪念日、开展"两学一做"等特殊时期外,很少有放在第一版的情况。这一方面是典型人物报道淡化的影响,另一方面,是由于市场理念的引入,党媒对于版面的排版选择更为尊重新闻传播规律,全面统筹考虑。正如有学者提出:"中国媒介的'市场化'使其已经成为意识形态竞争和意义重建的场域,既有共产主义的革命话语,也有市场化的实用话语。"②

二、从媒介生态环境的角度:与时俱进的社会氛围

"媒介生态环境是指大众传播机构生存和发展的环境,它主要由政策环境、资源环境、技术环境和竞争环境构成。"③ 传播行为自然会

---

① 吴廷俊. 中国新闻传播史 [M]. 上海:复旦大学出版社,2011:77.

② 王永亮. 传媒精神——高层权威解读传媒 [M]. 北京:中国传媒大学出版社,2005:461.

③ 石磊. 新媒体概论 [M]. 北京:中国传媒大学出版社,2009.

受到政治政策、文化氛围、法律法规等构成的潜网的调控。《人民日报》对王进喜形象的塑造作为一种传播行为，自然也会受到媒介生态环境的影响。

（一）社会变迁带动王进喜的媒介形象变化

有学者提出，早期的典型人物之所以影响深远，主要在于其代表的价值观与当时的社会环境契合度很高，社会为其提供了适宜的发展条件。① 这里的"社会"实际上就是社会环境。社会环境是典型报道的温床，在为典型报道提供"土壤"的同时，也不断影响着典型报道的发展变化。

第一，社会政治趋于稳定，经济发展成为主流，是王进喜报道的主要影响因素。20世纪60年代初，我国遭受三年自然灾害，国民经济发生严重困难，为争取国民经济的好转，出现了很多英雄模范，新闻界抓住时机，用典型报道的方式给予宣传推广。王进喜与大庆就是这一阶段推出的典型。十一届三中全会以后，全党的工作中心转移到经济建设上，中国的现代化发展进入快车道。新闻报道内容和形式也随之发生变化。《人民日报》中有关王进喜的社会主义建设、艰苦创业和劳模的报道框架，也正是基于此。

第二，从主流文化到大众文化的转变，是影响王进喜媒介形象的另一大因素。传播学者戴元光对新中国成立后30年的中国主流文化特点进行概括，认为其是"文化的政治化、一体化和计划化"。② 这种主流文化为意识形态的宣传提供了有力保障，也是王进喜形象产生巨大

---

① 姚福申. 新时期中国新闻传播述评［M］. 上海：复旦大学出版社，2002：459.
② 戴元光. 全球传播前沿对话［M］. 上海：上海大学出版社，2010：37.

感召力的主要原因。如今，大众文化成为重要的文化景观，为新闻消费主义的流行提供了文化氛围。而王进喜形象的多元化与时代特色，正是主流文化与大众文化碰撞、融合的产物。

第三，工人的社会地位也是王进喜形象变迁的重要原因。众所周知，新中国建立的是一个工人阶级为领导阶级的政权，工人阶级翻身成为领导阶层，"工人老大哥"的称号昭示着其备受尊重的政治、经济地位。20世纪90年代后期，国企改革深入推进，大批城镇国有、集体企业工人下岗待业，与此同时，国家取消了对农民进城就业的限制性规定，大批农民工涌入城市。王进喜作为工人的代表，工人群体的分化与重组直接影响着王进喜形象的变化。早期，《人民日报》在强调王进喜革命精神的同时，突出了王进喜的领导风范。后期，《人民日报》对王进喜的报道主要强调其劳动精神与服务意识，体现劳动者的顽强拼搏精神。

（二）受众心理转变影响王进喜的媒介形象

为受众提供榜样与精神追求是宣传王进喜精神的目的与初衷。而传播效果很大程度上取决于受众的认知与理解甚至行动。随着媒体新闻意识的增强以及受众意识的流行，受众心理的变化与接受度越来越成为影响《人民日报》对王进喜形象与精神塑造的重要因素。

第一，受众心理的变化为媒体拓宽报道思路。改革开放以前，社会情感单一化的程度显著。20世纪90年代以来，受众心理发生了很大变化，人们开始从理想主义转向对现实的关注，从强调义务走向争取权利，个体自身的发展成为重点。社会心态随之也发生了很大的变化，从封闭走向开放，从单一走向多元。① 在这样的情感、心理背景下，《人民日报》对于王进喜的典型报道做出了一定的调整，增加了对王进喜的个人生活与家庭的报道。另一方面，媒体组织也是由人组成的，其成员心理变化的大体走势与社会心理变化基本一致。媒介组织中的人作为新闻报道的把关人，为典型报道框限、设定内在结构，其价值观念与心理对王进喜形象的塑造与建构也存在一定的影响。

第二，受众的参与和主体意识对媒介组织的传播内容和传播方式提出了新的要求。最重要的是为王进喜的媒介形象提供传播素材，增强报道的丰富性与多样化。即受众通过反馈对传者构成一定的影响。早期的单向传播时代，只有少数组织或者权威人士可以参与到反馈机制中。随着思想解放的深入，主体意识的觉醒，完善受众反馈机制成为传统媒体实践互动的途径。

随着受者思维向传者思维的转变，在《人民日报》对王进喜的报道中，读者来信与投稿呈现增多的趋势，其形象也呈现多元化视角与理解。

---

① 沈杰. 中国社会心理嬗变：1992～2002 ［J］. 中国青年政治学院学报，2003（1）：133－139.

第三章　关于新时期王进喜形象的思考

一、王进喜形象与精神的当代价值

王进喜作为一个历久弥新的模范人物，已经成为一种精神符号。"王进喜"精神是铁人精神、时代精神、科学精神、工匠精神的有机结合，是人类的精神财富。

（一）引导主流价值观

《人民日报》作为面向社会大众的报纸，受众广泛，无疑是主流文化传播和价值观建构的重要载体。2014年10月7日，《人民日报》第五版评论版的人民观点中提道："当'精致的利己主义者'大行其道，难免会让人忧患价值危机的迷雾，把渴望的目光投向仍然践行坚守、报效国家的那些精神高峰。"① 王进喜就是诸多"精神高峰"中的一座，其行为实践与社会主义核心价值观的要求高度契合，对王进喜形象的塑

---

① 新华社．大庆油田的勘探开发（新中国成就档案）［N］．人民日报，2014－10－07（4）．

造，便是对这种主流价值观的引导与涵养。

主人翁式的民族责任感、爱岗敬业的劳模精神、自觉服务人民的意识、克己奉公的品质等，都是《人民日报》对王进喜精神内涵的阐发和宣传，代表了社会所倡导的价值观念。在利己主义盛行、道德滑坡现象严重的今天，这种典型宣传具有社会教育与动员的重要作用。说到底，这种主流价值观的引导，是国家发展、社会进步、人民幸福安康的精神保障，也是一个国家文化软实力的重要体现。

（二）传承优秀传统文化

王进喜精神作为中国精神的重要组成部分，其内涵广泛，包括"天下兴亡，匹夫有责"的爱国主义精神、"鞠躬尽瘁，死而后已"的公而忘私精神、"先天下之忧而忧、后天下之乐而乐"的社会责任感等，综合体现了中华民族的优秀传统文化。从某种程度上来讲，"王进喜"也是一种文化符号。《人民日报》中关于王进喜的报道与宣传，对优秀传统文化有重要的传承作用。

王进喜曾经说过："我这一辈子就是要干好一件事情，为加快发展我国的石油工业作贡献。"① 这种以石油开采为人生目标，把国家和民族利益放于首位的态度，体现了一种强烈的爱国主义情怀，也是克己奉公精神的生动反映。

王进喜还说过："有条件要上，没有条件创造条件也要上"，"天为房地当床，棉衣当被草当墙，野草包子黄花汤，一杯盐水分外香"，这种以苦为乐的高尚情怀，正是中华民族刚健有为、自强不息精神的集中

---

① 钮东昊. 已故"双百"人物亲属："让他们的精神代代相传"［EB/OL］. 中国网，2010－06－26.

体现。

（三）为社会主义建设提供精神动力

王进喜精神具有强烈的时代感，在当前社会主义建设的伟大进程中，大力弘扬王进喜精神，具有鲜明的现实意义。

在当今"大众创业，万众创新"的时代背景下，王进喜敢于拼搏的精神极富感召力。从个人的择业创业到企业的技术创新与转型升级，都需要这种敢闯敢为、敢想敢干精神的激励。

王进喜的爱国主义精神对于加强社会主义精神文明建设具有重要的积极意义。对于当下的人们，尤其是青少年成长有着重要的激励意义，有利于帮助他们树立正确的人生观、世界观。

在社会主义市场经济体制下，弘扬王进喜的自强不息精神，对于克服人们的消极依赖心理，形成自立进取、拼搏创新的精神有积极的引导作用。王进喜为人民服务和无私奉献的意识对于正确处理个人与集体利益的关系有重要的表率作用。

二、对王进喜形象建构的建议

典型人物报道在转型期的社会语境下面临着新的挑战，更好地建构王进喜形象，如何更好地进行有关王进喜的报道，更好地建构王进喜形象，是今天媒体工作者的重要任务。

（一）回归人物本真

目前，有关王进喜的报道呈现多元化的趋势，"王进喜精神"的内蕴不断扩大，包括工匠精神、党员精神、民族精神、创先争优精神等。但王进喜的媒介形象不应只定位为模糊化的楷模群体中的一位，应该是一个有血有肉、真实可信的鲜明个体。个性化是典型人物报道最大的魅力所在。个性越鲜明，塑造的人物形象也就会越丰满。[①] 王进喜最突出的个性就是革命加拼命的精神与强烈的社会责任感，那些有说服力的感人事迹，是媒体应该主要报道的。对于言论类文本，由于体裁与逻辑的限制，不能对相应的事迹进行详述，则应该注重对王进喜个性化精神品质的阐扬。

（二）塑造立体化形象

典型人物报道立体化是时代发展的要求。塑造立体化的王进喜形象，需要完成其学习、工作、生活的再现与报道。

人具有社会属性，除了工作，还有家庭和生活，它们都是人生的重要组成部分。在以往有关王进喜的报道中，他的家庭、生活很少被提及。《"不合格"的爸爸》和《党和人民不会忘记》，是为数不多的几篇涉及其家庭生活的报道，通过讲述王进喜对家庭和孩子的亏欠，对父母的孝顺，增添了生活气息而更具真实的力量。

（三）平衡教育性与新闻性

有关王进喜的典型报道还需要平衡报道的教育性与新闻性。

今天建构王进喜形象主要是依据史料以及参考先前的报道，这些事实基本不具有时新性，因此挖掘王进喜的语言、行为等细节成为关键。

---

① 宋晓秋，白宇. 人物新闻的采写与解读［M］. 北京：中国广播电视出版社，2010：318.

细节往往决定报道的"兴奋点"，挖掘和摸索细节，将人物报道情景化、故事化，是目前人物报道进行微创新的重要渠道。①

　　另外，材料的积累与探索也不能局限于前人的成果，老一辈大庆人的讲述可以成为王进喜报道的重要消息源。而通过第三方的讲述，不仅可以体现报道的客观性，同时在报道内容上也会有新的突破。《大庆社会科学》杂志就曾在 1995 年到 1997 年这两年半的时间内连载由戴祝文撰文、张显军整理的《铁人之路——回忆老队长王进喜》，戴祝文以自己的亲身经历为素材，讲述了王进喜的事迹。

　　随着读图时代的来临，图片的作用越来越突出，因为图片可以在短时间内提供最直观的信息资源。媒体对王进喜的报道也应该更加重视图片的使用。除了应更充分地运用史料照片外，还可以拍摄使用铁人王进喜纪念馆的相关照片。也可以通过图片呈现有关学习活动的场景和效果。

　　过去，纸媒由于自身属性的限制，和读者的互动与反馈主要通过读者来信展示。今天，读者来信的征集方式，可以拓展到微博、微信、新闻网站等移动端及 PC 终端，在引导话题的同时，可以丰富王进喜的报道素材，引入多维视角，对其进行新的"赋义"。更重要的是通过征集素材与稿件写作，真正达到使王进喜精神深入民心的目的，提升"王进喜"的文化内涵和时代价值，阐发其深刻的时代意义。

---

① 赵振宇. 新闻报道策划［M］. 武汉：武汉大学出版社，2015：83.

03 第三部分

《人民日报》关于人民解放军媒介
形象的建构与历史变迁

方增泉　李阳阳

　　摘　要　2017 年恰逢中国人民解放军建军 90 周年，回顾 90 周年建军史，一方面，人民解放军在争取民族独立、生产建设、抗洪救灾等多方面扮演重要角色，在人民群众心中树立了良好形象；另一方面，随着网络和自媒体的发展，涉及解放军的网络谣言和恶意中伤不断产生。在此背景下，研究人民解放军的媒介形象变迁，对于新时代更好地塑造解放军形象有着重要意义。

　　本研究以《人民日报》为研究对象，从其 1946 年至 2017 年 72 年来标题中出现"解放军"的有效文章中，抽取 666 篇文章进行内容分析。在分析《人民日报》关于人民解放军的报道框架时，作者按照报道时间、标题词频、报道体裁、报道版面和报道话题等进行详细分析，从而得出《人民日报》塑造人民解放军形象的经验与不足；在研究《人民日报》中人民解放军的媒介形象变迁时，作者利用框架分析法，发现历史上人民解放军先后呈现出"战斗英雄""生产建设英雄""毛主席的忠诚战士""抗险救灾英雄"和"中国梦的坚强护盾"等五种形象。

新时代《人民日报》在塑造人民解放军的形象时，要深刻理解和把握党中央关于军队建设的重要指示，适当提高军队题材报道量和头版指数，营造舆论热度，多种报道体裁、多种媒体平台、多种媒体形式齐发力，增强解放军形象的鲜活度。最后要突出解放军共和国卫士的核心形象，为实现我国的强军梦鼓与呼。

绪　论

一、研究背景与研究意义

（一）研究背景

1. 历史背景

中国人民解放军诞生于 1927 年 8 月 1 日的南昌起义，于 2017 年已经走过了 90 周年的辉煌历史。90 周年来，中国人民解放军昂首阔步，茁壮发展，在国内和国际上不断树立了良好的军队形象。

90 年来中国人民解放军发生了巨大的变化。90 年来，中国人民解放军经历了建军初期努力扩大军队规模到新时期数次裁军的历史性转变；90 年来，中国人民解放军经历了从单一陆军军种到新时期陆军、海军、空军、火箭军、战略支援部队等多军种的历史性壮大；90 年来，中国人民解放军经历了从"小米加步枪"到航母、核潜艇、洲际导弹的历史性增强；90 周年来，中国人民解放军经历了从保家卫国到国际护航、海外撤侨等历史性发展……

90 年来中国人民解放军坚守着不变的本色。90 年来，不管是在抗日战争、解放战争等战争时期，还是在和平时期，中国人民解放军始终坚守着"人民子弟兵"的英雄底色；90 年来，中国人民解放军始终保持着听党指挥、能打胜仗、作风优良的英雄本色。

2. 现实背景

党的十八大以来，中国人民解放军自身的改革发展、国际上的积极作为和影视剧对其的广泛宣传，使得中国人民解放军在国内外受到了空前的关注。

最近几年，中国人民解放军进行了军区调整，原沈阳、北京、兰州、济南、南京、广州、成都七个军区调整为东部、南部、西部、北部、中部五个战区；中国人民解放军还组织海外护航、海外撤侨、海外阅兵、海外联合军演等，在国内民众心中和国际上不断树立了良好自信的形象。

新时期，随着中国的不断崛起，有关军队题材的影视剧受到观众的空前欢迎。2017 年建军 90 周年之际，军队题材电影《建军大业》和《战狼 2》受到空前关注。特别是反映中国军人在非洲撤侨的电影《战狼 2》累计票房将近 60 亿，创下了华语电影票房的历史最高纪录。2018 年春节贺岁档，讲述中国人民解放军海外护航和海外撤侨的电影《红海行动》再次叫好又叫座，上映 7 天累计票房突破 15 亿。

（二）研究意义

在中国人民解放军建军 90 周年之际，本研究以《人民日报》数据库为研究载体，运用框架分析的研究方法，历史纵向地梳理中国人民解放军媒介形象的建构与变迁，具有一定的学术意义与实践意义。

1. 学术意义

目前国内外学术界对于中国人民解放军的媒介形象研究整体较少。已有的少量关于中国人民解放军的媒介形象研究主要集中于中国人民解放军的国际形象传播、关于女兵报道的媒介形象研究和人民解放军在网络媒体中的媒介形象研究，整体而言，目前学术界缺乏对于中国人民解放军这一特殊群体的历史纵向的媒介形象研究。

本研究利用框架理论研究中国人民解放军这一特殊群体的媒介形象，一方面能够补充和完善我国媒介形象研究体系，特别是为特殊群体的媒介形象研究提供一定的研究经验；另一方面，本研究为框架理论在媒介形象研究中的推广应用提供一定的参考。

2. 实践意义

《人民日报》作为中共中央的机关报，在历史各个时期不仅承担着宣传党的理论政策、引导社会舆论的作用，而且是展示中国共产党良好形象的重要窗口。在历史各个时期，《人民日报》塑造了一批又一批典型人物与典型群体。典型人物如"雷锋同志""焦裕禄同志""王进喜同志"等，典型群体如"人民公仆群体""白衣天使群体""人民解放军"群体等。

当下网络信息爆炸式增长，网络谣言、网络负面舆情此起彼伏，这对党和国家的新闻舆论工作提出了新的挑战。特别是涉军网络舆情和涉军网络谣言，给我军的网络形象带来了一定的负面影响，如2017年"红黄蓝幼儿园虐童"事件将与案件毫无关系的部队官兵拽进了舆论漩涡，说明新时期亟须主流媒体在涉军报道中做好舆论引导工作。

因此，本研究通过框架分析，对《人民日报》关于中国人民解放军的媒介形象塑造展开研究，梳理中国人民解放军在主流媒体中媒介形象的建构与变迁，总结党媒在不同时期展示中国人民解放军良好形象的历史经验，对新时代我党引导社会舆论、做好党媒宣传工作、塑造好人民解放军在国内外的良好形象具有一定的指导作用。

二、"人民解放军"概念界定

中国人民解放军（简称解放军）前身是在 1927 年 8 月 1 日南昌起义后留存的中国工农革命军，在不同时期曾先后称为"工农革命军""红军""八路军""新四军""野战军"等。1948 年 11 月 1 日，中央军委发布了关于统一全军编制及部队番号的通令，规定团和军分区以上各部队，均冠以"中国人民解放军"，从此，我军正式统一称为"中国人民解放军"。[①]《人民日报》中最早出现我国"人民解放军"的报道是在 1946 年 11 月 10 日。本研究从 1946 年《人民日报》出现的第一篇人民解放军报道开始统计。至于其前身，由于《人民日报》数据库数据缺失等原因，作者不作统计。

三、关于"人民解放军媒介形象"的研究现状

国内对于人民解放军的媒介形象研究主要集中在四个领域：第一，互联网环境中人民解放军的媒介形象研究。如张砥（2017）以国防部处理 2017 年 4 月"海军节配图失误"为例，进而分析军队官方微

---

① 谭资. 中国人民解放军名称由来 [J]. 人民论坛, 1996 (8): 9.

媒体建设状况，并就如何处理涉军负面舆情提出合理化政策建议。①
第二，电视节目中人民解放军的媒介形象。如王东刚（2015）在其硕
士论文中，以军事真人秀节目《士兵突击》为例，指出节目建构了军
人"强烈的职业荣誉感""全能的军事多面手"和"良好的团队协作
精神"的媒介形象。② 第三，在抗震救灾等突发事件中的人民解放军
媒介形象。如李曼（2010）研究了抗险救灾报道对于我军形象的影
响。作者认为军队参加抗险救灾，能够客观展示我军优良传统，从而
树立我军较好的军队形象。但同时在报道中要树立四种观念。③ 第四，
对我军塑造良好媒介形象提出政策性建议。如吴峰敏（2017）在总结
过去人民解放军形象建设基本经验的基础上，提出了信息网络时代人
民解放军形象塑造传播的新方略。特别是作者提出的要国内宣传与国
际传播相结合，实现内部凝聚与外部衍射相统一的全维塑造传播，④
对于当前我军的对外和对内传播有着深刻的指导意义。

四、研究设计

（一）研究对象与研究问题

本研究以《人民日报》作为研究对象，选择通过《人民日报》研
究人民解放军的媒介形象，原因有三：第一，《人民日报》作为中共

---

① 张砥. 军队官方微媒体建设探析——以国防部"海军节"负面舆情应对为例 [J].
新闻研究导刊，2017，8（22）：117.
② 王东刚. 我国军事真人秀节目中军人媒介形象的研究 [D]. 西南大学，2015.
③ 李曼. 优化灾难报道中军队的媒介形象塑造 [J]. 青年记者，2010（17）：48 – 49.
④ 吴峰敏，蔡陈梅宝. 新时代我军形象建设方略 [J]. 军事记者，2017（12）：24 –
25.

中央机关报，其报道政治性强、权威性高，能够客观反映党报所塑造的人民解放军形象。第二，《人民日报》成立较早，较为完整地收录了不同历史时期人民解放军的报道。第三，《人民日报》数据库"人民数据"建设科学、数据完整，为本研究提供了便利。

本研究通过分析《人民日报》中关于人民解放军的新闻报道，总结出人民解放军的报道框架，进而探讨《人民日报》对其形象是如何建构的。本研究试图回答如下几个问题：

1. 《人民日报》中关于人民解放军的报道框架经历了怎样的历史性变化？

2. 《人民日报》建构了怎样的人民解放军形象？

3. 新时代《人民日报》该如何塑造人民解放军形象？

（二）研究方法

本研究主要的研究方法为内容分析法。

内容分析法是一种对于传播内容进行客观、系统和定量描述的研究方法。其实质是对传播内容所含信息量及其变化的分析，即由表征的有意义的词句推断出准确意义的过程。本研究利用《人民日报》数据库"人民数据"，将其标题中出现"人民解放军"的文章抽选出来，排除个别指涉外国人民解放军的文章后，将剩下的文章利用等距抽样抽出样本，并制作编码表和进行信度检验，从而研究《人民日报》中关于人民解放军报道框架和媒介形象的建构和变迁。

（三）样本选择

本研究采用了等距抽样，在具体抽样过程中，本研究分三步进行。

第一步：查询相关文章，挖掘研究数据。本研究以"解放军"为关键词，在新版"人民日报图文数据库"中搜索标题中出现"解放军"字样的新闻报道。搜索时间跨度为1946年5月15日—2017年12月31日，共搜索出相关报道4955篇。作者利用"八爪鱼"数据挖掘软件，将人民日报图文数据库中4955篇相关报道的标题、刊发时间、刊发版面、摘要、关键词等进行数据挖掘，汇总在Excel表格当中。

第二步：筛选有效数据，删除无效文章。由于版面设计问题，《人民日报》中时常会出现同一篇文章在多版刊登的情况，从而导致同一文章在数据库中出现多次，此类情况作者在统计时算为一篇文章。此外，在《人民日报》早期报道中出现了"菲律宾人民解放军""越南人民解放军"等外国解放军，此类不作为本研究的对象。另外，《人民日报》中出现的有关祝贺解放军建军××周年新闻通讯、有关人民解放军的会议报道，对于研究人民解放军的形象和报道框架意义不大，遂进行删除。在删除重复性报道121篇、涉及外国解放军的报道1027篇、解放军建军节贺电通讯和相关会议报道481篇后，剩余有效报道3326篇，作为样本总量。

第三步：制定抽样规则，进行数据抽样。本研究采用等距抽样的方法，首先将3326篇有效数据进行编号，编号时按日期倒排序，即将2017年12月31日最新的数据编为1，1946年最早报道的编号为3326。编号结束以后，利用Excel中的等距抽样工具，计划抽取666个样本，等距抽样的间距为5，即每隔5个号码抽取1个。第一个抽中的编号为1，第二个抽中的编号为6，第三个抽中的编号为11，第四个抽中的编号为16，依次类推，直到抽取够666篇数据。

（四）类目建构

本研究共设置了 4 个类目对《人民日报》中的"人民解放军"形象进行内容分析。

（1）新闻标题：对样本数据的标题进行词频分析。

（2）报道版面：版面位置能够体现该报道在报纸中的分量和重要性，一般来讲头版报道比较重要。

（3）报道体裁：媒体在报道时选择何种报道体裁，客观上反映了媒体在报道时所选择的报道框架。报道体裁包括消息、新闻通讯、人物特写、新闻评论等。

（4）报道议题：报道议题是《人民日报》建构人民解放军媒介形象的时代背景，也是其引导社会舆论的议程设置。

（五）信度检验

在使用内容分析法进行量化研究时，经常涉及数据的编码，由于存在编码是否可信的问题，因此在编码时往往需要多名编码人员参与。这些编码员根据统一的编码标准，对文本进行独立的编码，编码结束以后要进行信度检验，只有当信度达到要求，才说明编码有效，研究也才有意义。在检验编码信度时，编码员之间的信度检验公式为霍尔斯提公式：

$$R = 2M / (N_1 + N_2)$$

其中 R 指的是编码员之间的相互同意度，M 指的是两位编码员编码结果相同的次数，N_1 指的是第一位编码员编码的次数，N_2 指的是第二位编码员编码的次数。当 R≥0.8 时，则说明编码员之间的相互同意度符合要求。

本研究共有两位编码员，根据上述内容分析编码信度检验公式，分别计算出研究中涉及编码部分的相互同意度如下：

1. 论文第一章第四部分"报道体裁"编码信度检验

$R_1 = 2 \times 583 / (666 + 666) = 87.5\%$，因为 $87.5\% > 80\%$，所以该编码有效。

2. 论文第一章第五部分"话题属性"编码信度检验

$R_2 = 2 \times 569 / (666 + 666) = 85.4\%$，因为 $85.4\% > 80\%$，所以该编码有效。

3. 论文第二章"人民解放军媒介形象"编码信度检验

$R_3 = 2 \times 575 / (666 + 666) = 86.3\%$，因为 $86.3\% > 80\%$，所以该编码有效。

综上所述，本研究中所有编码部分的相互同意度均高于80%，均符合内容分析编码的信度要求。

第一章 《人民日报》中人民解放军报道框架研究

一、样本：透过"频数"看人民解放军报道框架

研究《人民日报》中人民解放军报道数量的历史变化，能够直观地反映各个时期党媒对于人民解放军群体的关注程度以及对于塑造人民解放军媒介形象的重视程度。本研究将 666 条人民解放军的样本数据分别按照年份和月份进行了频数统计，其中，按年份统计是从 1946 年开始至 2017 年结束，共统计了样本数据中 72 年来人民解放军报道的数量变化（见图 1）。按月份统计则是按一年 12 个月，统计了人民解放军在每个月报道数量的分布（见图 2）。

从图 1 中可以看出：《人民日报》中人民解放军的报道频数并不是稳定分布的。从 1946 年到 1949 年，由于国内战争尚未结束，有关人民解放军的报道数量连年攀升，在 1949 年形成一个"高峰"。从 1949 年到 1965 年，由于国内战事减少，和平状态下有关人民解放军的报道数量有所减少，此阶段人民解放军的报道数量形成了一个"低谷"。从 1966 年到 1970 年，正值"文革"的开始阶段，有关人民解

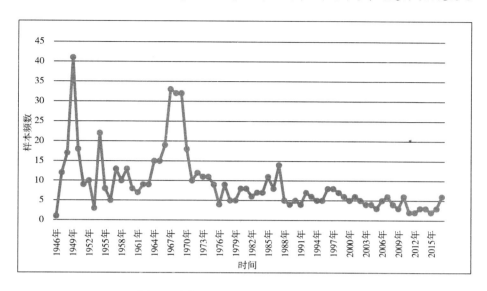

图1　《人民日报》中人民解放军样本频数变化（年份）

放军的报道数量陡增，在 1967 年再次形成一个"高峰"。从 1971 年到
2017 年，人民解放军的报道数量一直处于一个虽有波动但相对稳定、
报道频数整体较低的水平。

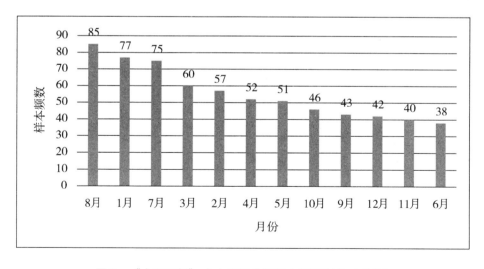

图2　《人民日报》中人民解放军样本频数变化（月份）

纵观《人民日报》中人民解放军在不同历史时期报道频数的变化，我们发现，两次人民解放军的报道"高峰"均出现在"革命"时期。第一次报道报道"高峰"出现在新民主主义革命即将结束的1949年，第二次报道"高峰"出现在"文革"刚刚开始的1967年。由此我们可以看出，在政治局势不稳定的年代，有关人民解放军的报道频数就相对较高，而在政治局势相对稳定的年代，有关人民解放军的报道频数则保持在一个相对较低的水平。

从图2中可以看出，72年来《人民日报》对于人民解放军的报道在每个月的分布并不均衡，报道量最低的月份与报道量最高的月份之间相差两倍还多。报道量前三名月份分别为8月份、1月份和7月份。作者通过进一步分析这三个月的报道文章，发现这三个月之所以报道数量较高，是因为这三个月都是重要的时间节点。首先，每年的8月1日是建军节，因此在这一天乃至在整个8月份，会举行一系列庆祝建军节的活动，《人民日报》作为党媒也会刊发一些有关人民解放军的社论和新闻报道，从而使8月份成为人民解放军的报道高峰月。其次，每年的1月份是阳历新年伊始，党和国家领导人在1月份会密集地慰问解放军群体。此外，《人民日报》在1月份也往往会刊发有关人民解放军的年终盘点，使得每年1月份的报道量也较高。最后，每年的7月份是我国洪涝等自然灾害较为集中的月份，《人民日报》有关人民解放军抢险救灾的报道较多。此外，每年的7月末《人民日报》会提前预热建军节，因此使得该月有关人民解放军的报道较多。

二、标题：透过"词频"看人民解放军报道框架

本研究对 1946—2017 年共 666 条人民解放军报道标题样本数据进行词频分析。首先，将 666 条样本数据按年份进行分组，5 年一组。即第一组数据为 1946—1950 年的数据，第二组为 1951—1955 年的数据，以此类推，最后剩余 2016 年、2017 年。由于数据较少，且属于十八大以来的数据，故将 2011—2017 年数据做整体分析。经过词频分析，在每个时间段内剔除"解放军"等无效词汇后，提取出每个时间段词频最高、权重最高的词语作为本时段的关键词。如表 1：

表 1　1946—2017 年人民解放军报道标题样本数据高频词汇

时间段	1946—1950	1951—1955	1956—1960	1961—1965	1966—1970	1971—1975	1976—1980
关键词	解放	人民	支援	革命	革命	毛主席	发扬
时间段	1981—1985	1986—1990	1991—1995	1996—2000	2001—2005	2006—2010	2011—2017
关键词	同志	出版	模范	抗洪	表彰	英雄	国防

通过查找每个时段关键词在具体标题中的含义、语境，本研究将以上不同历史时期关于人民解放军报道的关键词分为六大类：

第一类（1946—1950）：人民解放军"解放全中国"；关键词：解放。

本时段属于解放战争时期和新中国成立初期。人民解放军充分发挥了自己的战斗本色，在全国各地展开解放斗争。此阶段《人民日

报》关于人民解放军的报道多反映其解放不同城市，如《被解放的坦克手宣誓参加解放军》《华东解放军春季攻势两个月 歼灭蒋匪八万五千 解放城市十九座控制胶济路四百里》等。

第二类（1951—1960）：人民解放军"军民一家亲"；关键词：人民、支援。

本阶段属于新中国成立初期。中国由战争时期逐渐过渡到和平发展时期。此阶段《人民日报》关于人民解放军的报道多涉及人民拥军和军队支援人民开展生产活动的报道。在人民拥军方面包括《和平解放西藏、巩固祖国国防 解放军进藏部队进抵拉萨 西藏地方政府官员和拉萨人民盛会欢迎》《广东省政府和各界人民春节劳军 广州人民写信向志愿军和解放军祝贺春节》。在军队支援人民生产方面如《人民解放军边防部队 帮助云南边疆各族人民进行生产建设》《解放军广大官兵热情支援农业合作化运动》。

第三类（1960—1975）：人民解放军"学习毛泽东思想"；关键词：革命、毛主席。

此阶段的主体时段为"文革"时期。在特殊的历史背景下，《人民日报》关于人民解放军的报道多为军队学习毛泽东思想、响应毛主席号召、贯彻毛主席战斗命令的报道。如《无限忠于毛主席 团结支左立新功——记人民解放军驻浙江部队团结支左的先进事迹》《颗颗红心献给毛主席——人民解放军指战员抓革命、促战备庆祝"九大"》《安徽丝绸厂在解放军帮助下用毛泽东思想统一认识和行动 革命大联合不断巩固 斗批改群众运动蓬勃发展》。

第四类（1976—1990）：人民解放军"重塑新形象"；关键词：发扬、同志。

此阶段"文革"结束，中国改革开放进入初期阶段。《人民日报》结束了"文革"时期对于人民解放军的报道框架，进而尝试重塑人民解放军的媒介形象，人民解放军发扬革命优良传统被重新关注。此外，该阶段一些老一辈革命同志逐渐去世，一些纪念追悼活动被报道。如《发扬一不怕苦二不怕死的革命精神》《解放军广大指战员发扬光荣传统积极支援地方抗旱》《杨勇同志追悼会在京举行》。

第五类（1991—2010）：人民解放军"救灾树典型"；关键词：模范、抗洪、表彰、英雄。

此阶段，《人民日报》关于人民解放军的报道多涉及其抗震、抗洪、抗非和救灾活动。人民解放军"抗险救灾"的媒介形象逐渐凸显。在抗险救灾中，一批新时期的英雄典型受到表彰。如《向抗洪救灾的解放军指战员武警官兵致崇高敬意》《解放军英雄模范层出不穷》《十万解放军和武警官兵投入长江太湖抗洪抢险》《这里充满爱（抗击非典英雄之歌）——解放军309医院抗击非典剪影》。

第六类（2011—2017）：人民解放军"聚焦打胜仗"；关键词：国防。

此阶段主要为十八大以来的新时期。党的十八大以来，中国人民解放军深化国防建设，不断改革，在"能打仗、打胜仗"方面不断努力。此阶段《人民日报》对于人民解放军的报道主要聚焦在其国防建设上。如《"我为祖国守边防"（国防视线·人民军队90年）》《揭秘我军首支战略支援部队（国防视线·深化国防和军队改革进行时）》等。

三、版面：透过"头条"看人民解放军报道框架

报社编辑在设计版面时，往往将该期新闻报道中最重要的新闻放在头版位置。研究《人民日报》中人民解放军头版报道的历史变迁，既有利于直观地反映不同历史时期《人民日报》对于人民解放军报道重视程度的变化，也有利于深入研究《人民日报》有关人民解放军头版报道主题的变化。

由于《人民日报》在历史上曾多次改版增版，所以本研究在统计人民解放军在《人民日报》中所出现的版面时，统一计算各个时期人民解放军的头版指数。头版指数 T 计算公式如下：

$$T = N/M$$

其中 T 为头版指数，N 为该时期头版报道量，M 为该时期报道总量。

在计算"头版指数"时，作者仍按统计新闻标题词频的时段划分方法，从 1946 年开始，五年为一组，最后 2011—2017 年设为一组统计。"头版指数"计算如图 3：

从图 3 可以看出三方面的信息：

第一，战争时期与和平年代人民解放军"头版指数"悬殊。

战争时期人民解放军的"头版指数"在 50% ~ 75%，而在和平年代人民解放军的"头版指数"维持在 20% ~ 30%，远低于战争时期水平，也就是说，战争时期相比和平年代，人民解放军的相关报道更容易上头条。在解放战争时期和建国初期，由于战争还在继续，人民解放军的军事战斗较多，而军事战斗在当时的社会环境下新闻重要性比

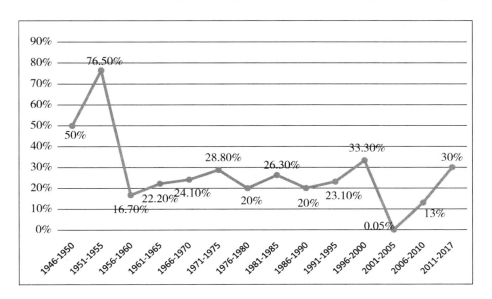

图3 《人民日报》中人民解放军"头版指数"变化

较高，因此有关人民解放军的战争情况报道就更多地被放在《人民日报》的头版位置；而在和平年代，人民解放军军事战斗逐渐减少，随着社会经济文化等各项事业的蓬勃发展，《人民日报》有关人民解放军的和平行动报道在当时历史时期中的重要性在下降，因此出现和平时期人民解放军"头条指数"低于战争年代的情况。

第二，新中国成立以来人民解放军"头版指数"出现五次峰值。这五次峰值出现的时段分别为1951—1955年、1971—1975年、1981—1985年、1996—2000年、2011—2017年。作者通过对样本中这五个时期的头版数据进行内容分析，对其话题类型进行了统计分析（如表2）。整体而言，《人民日报》关于人民解放军的头版报道框架坚持了"变与不变"的原则：变的是，根据不同历史时期不同的社会环境，军事战斗、精神文明建设、抗震救灾等会在某一历史时期被分别着重强调；不变的是，在领导人对于人民解放军的指示、特殊节日（如建军节）的人民解放军等，会被着重强调。此外，从表2我们可以看出，这五次"头版指数"峰值时段有关人民解放军报道的话题不尽相同，且20世纪70年代以后和新中国成立初期相比其话题种类明显减少。说明《人民日报》在后期报道人民解放军时，报道框架更加严格，原来放在头版的新闻后期会放在其他版面。

表2 新中国成立以来人民解放军"头版指数"五次峰值话题分析

1951—1955 头条话题	拥军活动（11）、战斗情况（7）、和平解放西藏（6）、学习理论（4）、外事活动（3）、救助类（2）、体育竞赛（2）、领导人指示（1）、节日贺电（1）、新规发布（1）、勤俭节约（1）
1971—1975 头条话题	领导人指示（10）、学习理论（2）、部队党建（1）、外事（1）、干部培养（1）
1981—1985 头条话题	精神文明建设（5）、追悼军队领导（2）、国防建设（1）、勤俭节约（1）
1996—2000 头条话题	领导人指示（3）、抗震救灾（3）、军队表态（2）、国防（1）、澳门回归（1）
2011—2017 头条话题	领导人指示（2）、军队重大科研项目（1）、新规发布（1）、重大活动（1）

第三，在2001—2005年人民解放军"头版指数"出现了断崖式下降。

从头版指数趋势图中我们可以明显地看到：2001—2005年人民解放军的头版指数明显下降，跌到0.05%，为《人民日报》创刊以来的最低值。在样本数据中，2001—2005年《人民日报》关于人民解放军的报道仅有一篇位于头版，话题为新规发布。此外，与以往的抗震救灾事件不同，人民解放军在其间的非典事件中并非扮演核心角色，

《人民日报》更多关注医生在其中发挥的作用，这又导致此类头版报道的缺失。在 2006—2010 年人民解放军的头版指数逐渐回升，达到 13%。2011—2017 年期间，人民解放军的头版指数继续上升，达到了30%。其中领导人指示类报道在头版报道中占据最高比例。

四、体裁：透过"简繁"看人民解放军报道框架

媒体在报道时选择何种报道体裁，客观上反映了媒体在报道时所选择的报道框架。报道体裁丰富多样，包括消息、通讯、新闻评论等。消息一般以简短精练的报道呈现，是突发性等时效性较强的新闻常用的体裁；通讯则比消息的内容更加翔实，表现手法也更加生动形象；新闻评论观点性强，具有较强的舆论引导色彩。消息与通讯对比而言，消息的表述概括性较强，一般简洁明快地概括叙述一件事，通常是粗线条的叙述，或者是"压缩式"的叙述；而通讯的叙述则更具体、详细，常常报道事件的全过程，是一种"详细的新闻""展开的新闻""形象化的新闻"。①此外，通讯一般又分为四大类：事件通讯、人物通讯、工作通讯和风貌通讯，本研究特意将通讯种类中的"人物通讯"单列出来，划分为"人物特写"，对于研究人民解放军报道的"个体框架"有一定意义。

因此，在具体研究过程中，从 1946 年开始，按照 5 年为 1 组的分组方法，将 666 条样本数据进行分组。其中 2011—2017 年划分为一组，共划分为 14 组。分组结束后，本研究以消息、通讯、人物特写、新闻评论、社会来信等为体裁分类标准，将分组数据进行分类统计。

---

① 薛国林. 当代新闻写作［M］. 广州：暨南大学出版社，2005.

统计结果如表3：

表3 《人民日报》中人民解放军报道体裁统计

体裁 时间	消息		通讯		人物特写		新闻评论		社会来信	
	篇数 （个）	占比 （保留 整数）	篇数 （个）	占比 （保留 整数）	篇数 （个）	占比 （保留 整数）	篇数 （个）	占比 （保留 整数）	篇数 （个）	占比 （保留 整数）
1946—1950	61	69%	20	22%	2	2%	1	1%	5	6%
1951—1955	29	56%	17	33%	1	2%	1	2%	4	7%
1956—1960	25	51%	17	35%	1	2%	0	0%	6	12%
1961—1965	23	43%	21	38%	3	5%	4	7%	4	7%
1966—1970	23	17%	86	64%	5	4%	17	13%	3	2%
1971—1975	20	38%	26	49%	3	6%	4	7%	0	0%
1976—1980	10	33%	11	35%	3	10%	6	19%	1	3%
1981—1985	22	56%	6	15%	4	10%	6	16%	1	3%
1986—1990	25	69%	7	20%	0	0%	4	11%	0	0%
1991—1995	22	82%	1	4%	2	7%	2	7%	0	0%
1996—2000	21	62%	6	17%	4	12%	3	9%	0	0%
2001—2005	15	68%	5	22%	1	5%	1	5%	0	0%
2006—2010	15	63%	8	33%	1	4%	0	0%	0	0%
2011—2017	15	72%	4	19%	0	0%	2	9%	0	0%

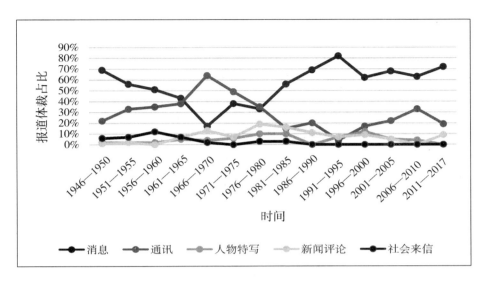

图 4 《人民日报》中人民解放军报道体裁占比变化

图 4 反映了《人民日报》中人民解放军报道体裁占比的变化情况。从图中我们可以看出：

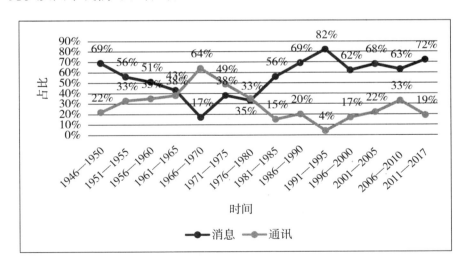

图 5 《人民日报》中人民解放军报道体裁占比变化

首先，消息在大部分历史时期居于报道体裁的主体地位。而在"文革"期间其占比下降，被通讯报道超越。通过进一步分析后发现，在战争年代和新中国成立初期，关于人民解放军战斗情况的新闻报道较多。而此类战争新闻由于新闻时效性和军事保密工作的要求，相关新闻报道多以简短精练的消息体裁出现。相关报道如《鲁中解放军激战四昼夜 再歼蒋军精锐七千》《南北各战场人民解放军 歼敌二万余 克城十五座》等。而在"文革"期间，《人民日报》中出现了大量的关于人民解放军学习毛主席思想的报道。此类报道多以人民解放军某个团体为例，较为详细地叙述其学习和贯彻情况，并带有一定的评论内容。整体来讲，此类报道多以通讯体裁出现。相关报道如《掌握了毛泽东思想就无往而不胜 解放军武汉部队某部七连充分发挥人的因素，治服了"老虎口"》《毛泽东思想灿烂阳光普照西藏高原 解放军驻藏部队指战员热情传播毛泽东思想》等。

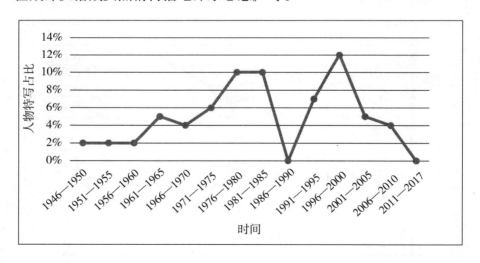

图6 《人民日报》中人民解放军人物特写占比变化

　　其次，人物特写报道出现两个"黄金十年"，"硬汉"也有"柔情"一面。第一个黄金十年是 1976—1985 年，第二个黄金十年是 1991 年—2000 年，这两个阶段《人民日报》关于人民解放军的人物特写报道占比居于历史较高水平，且报道重点各有不同。1976—1985 年有关人民解放军的人物特写报道多塑造其"硬汉"形象，而 1991—2000 年有关人民解放军的人物特写报道则更多描写其"柔情"一面。其中 1976—1985 年样本数据中共有 7 条，多关注人民解放军建设生产、抗震救灾、军事战斗等角度。相关报道如《景中山上的塑像》《一个真正的解放军战士》等，展现了军人铮铮铁骨的一面。而 1991—2000 年样本数据中共有 6 篇人物特写报道，多关注人民解放军救死扶伤、帮助群众、文艺创作等角度。相关报道如《解放军战士救了受伤孩子后悄悄地走了　孩子的父母四处访问寻觅　一年后——"终于找到你了"（文明新风）》《做党的人　写党的歌——记解放军著名女词作家刘薇》等，展现了军人侠骨柔情的一面。

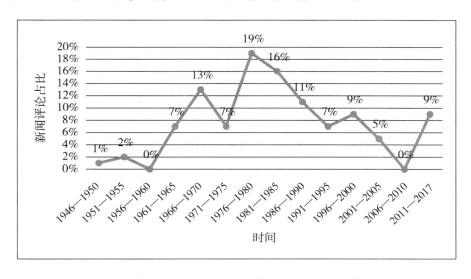

图 7　《人民日报》中人民解放军新闻评论占比变化

　　再次，新闻评论占比呈现"中间高两边低"的变化趋势。从《人民日报》中人民解放军新闻评论占比变化图中我们可以看出，在"文革"期间和改革开放初期，有关人民解放军的新闻评论占比较高，而在战争年代和新时期，有关人民解放军的新闻评论占比处于十分低的历史水平。在"文革"时期，人民解放军作为拥护毛主席的代表出现在《人民日报》当中。此时期出现了大量此类新闻评论，如《站好队　立新功——〈解放军报〉〈民兵〉专刊八月十八日社论》《人民解放军坚决支持无产阶级革命派》等。在改革开放初期，一方面讲，"文革"结束后，《人民日报》有重塑人民解放军形象的需要。通过新闻评论再次强调"文革"时期被弱化的军队优良作风、现代化国防等势在必行。另一方面讲，当时国内的舆论环境发生变化，各种社会思潮和关于军队改革的社会疑问随之产生。在此背景下，《人民日报》通过新闻评论引导社会舆论、解答社会疑问。相关新闻评论如《解放军争做建设精神文明的标兵》《为建设现代化国防作出新贡献》《正确理解和对待党的政策，加强军政军民团结》等。可以说，新闻评论在塑造人民解放军形象和引导社会舆论方面曾发挥着巨大的作用。新时期，有关人民解放军的新闻评论逐渐增多，但仍不是太高。

　　最后，"社会来信"作为《人民日报》历史上一种特殊的"信件体"文章，在历史的发展中逐渐退出了历史舞台。有关人民解放军的"社会来信"在新中国成立之前就有。特别是在新中国成立初期，有关人民解放军的"社会来信"占比达到了较高的历史水平。"社会来信"多为地方群众、社会团体等对于人民解放军的感谢信、对于人民解放军的相关疑问等。相关"社会来信"如《询问与答复 大儿在蒋

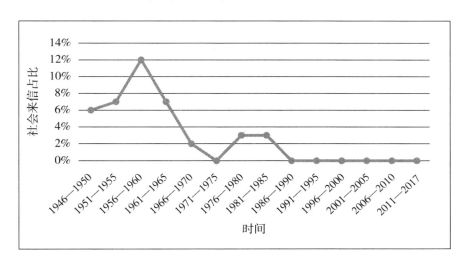

图8　《人民日报》中人民解放军社会来信占比变化

匪军二儿在解放军　这样的家属应否优待?》《辽宁省人民委员会致电解放军领导机关　感谢海军官兵营救遇险渔船》等。在电视、网络不普及的历史年代，"社会来信"架起了群众与《人民日报》、群众与人民解放军之间沟通的桥梁。《人民日报》通过展示群众来信、解答群众疑问，营造了良好的互动交流的氛围，客观上也展示了人民解放军为人民服务的群众口碑，解答了群众对于人民解放军的相关疑问，在特殊历史时期发挥了重大历史作用。然而自20世纪90年代以来，《人民日报》中"社会来信"这一特殊体裁逐渐消失。

通过研究历史上《人民日报》关于人民解放军报道体裁的变化，结合当下《人民日报》报道人民解放军的现状，作者认为新时期《人民日报》关于人民解放军的报道存在三点不足：

第一，报道体裁单一，缺乏典型人物报道。

在新时期，《人民日报》关于人民解放军的报道主要呈现为消息和通讯，样本数据中两者的占比分别达到72%和19%，缺失人物特写、新闻评论和社会来信。高达72%的消息类报道只能简单地介绍人民解放军相关的活动，不能生动具体地塑造新时期人民解放军的形象。在历史上，《人民日报》曾塑造了董存瑞、黄继光、雷锋等一大批军人典型，不仅在军队内部树立了先进典型，而且在全国范围内宣传了人民解放军的良好形象。因此，新时期《人民日报》在报道人民解放军时，应丰富报道体裁，学习历史经验，有意识地树立新时期的军人典型，从而塑造人民解放军在新时期的良好形象。

第二，忽视新闻评论，舆论引导意识不强。

在当下复杂的网络环境中，有关人民解放军的负面舆情和谣言时有出现，对我军的新闻舆论工作提出了新的挑战。《人民日报》通过新闻评论引导社会舆论，打破涉军谣言，维护我军良好形象刻不容缓。然而，新时期的样本数据中，新闻评论的占比整体还较低，特别是针对网络涉军谣言的新闻评论较少。这说明当下《人民日报》在报道人民解放军时，舆论引导的意识还不够强，塑造新时期人民解放军形象的意识还不够积极主动。在接下来的报道当中，《人民日报》应学习历史经验，关注网络和社会涉军舆情，积极主动及时地发出党媒声音，以塑造好、维护好新时期的人民解放军形象。

第三，局限单向传播，与群众交流互动不够。

在电视、网络尚未出现、尚不普及的年代，《人民日报》的"社会来信"曾发挥了重要的历史作用。在新时期，随着网络的推广，移动社交媒体的普及，使用书信的人群正在减少，但这并不能成为切断与民众交流互动的理由。《人民日报》应学习借鉴历史经验，在新时期创新与群众互动交流的形式，积极利用新媒体，增强群众对于涉军报道的参与性和互动性，变单向传播为双向互动，使受众不仅成为涉军报道的读者，更成为涉军报道的创作者，从而真正营造"军民一家亲"的良好舆论氛围。

五、话题：通过"话题属性"看人民解放军报道框架

选择报道议题属性是媒体进行议程设置的重要方式，也是媒体自身报道框架的体现。美国学者马克斯韦尔·麦库姆斯认为，在新闻中，在人们思考与谈论这些议题的方式中，这些议题的某些方面得到强调。也就是说，这些议题的某些属性得到强调。并且某个议题的显要属性通常随着时间而变化。而我们思考与谈论公众议题的方式受到大众媒介报道方式的影响。[1] 因此，研究《人民日报》中人民解放军的议题属性，对于认识和研究党媒进行议程设置，塑造人民解放军媒介形象有着重要的意义。

习近平总书记强调，党在新形势下的强军目标是建设一支"听党指挥、能打胜仗、作风优良"的人民军队。其中听党指挥是灵魂，决定军队建设的政治方向；能打胜仗是核心，反映军队的根本职能和军队建设的根本指向；作风优良是保证，关系军队的性质、宗旨、本色。

在具体研究过程中，作者通过学习习总书记关于新时期军队建设的重要论述，并结合《人民日报》关于人民解放军的实际报道情况，将人民解放军在《人民日报》中的话题属性分为核心属性和非核心属性。其中将符合新时代"听党指挥、能打胜仗、作风优良"指示的话题属性归为核心话题属性，反之则归为非核心话题属性。

---

[1]　马克斯韦尔·麦库姆斯. 议程设置：大众媒介与舆论［M］. 北京：北京大学出版社，2008.

具体的话题分类情况详见图 9。具体编码时各话题属性的编码标准如下。

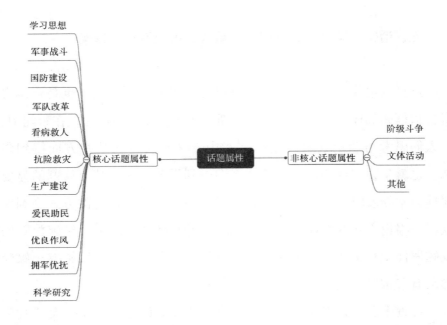

图 9 《人民日报》中人民解放军话题属性分类

1. 核心话题属性

学习思想：解放军学习党中央和领导人关于军队建设等方面的指示精神；

军事战斗：解放军参与的军事战役，主要指打仗领域；

国防建设：解放军和平时期在国防建设领域的举措，如军事阅兵、国防现代化建设等；

军队改革：解放军军区调整，军队规章制度的调整等；

科学研究：解放军在军事、国防领域的重大科学研究；

看病救人：解放军为百姓看病，主要是指解放军在医疗领域的贡献；

抗险救灾：解放军在突发自然灾害面前的贡献；

生产建设：解放军支援农民收庄稼、开荒，支援工业建设等；

爱民助民：解放军爱心捐助，看望困难群众等；

优良作风：解放军勤俭节约、纪律严明、不拿群众一针一线等优良作风；

拥军优抚：人民群众的拥军活动，侧面反映解放军作风优良受到人民爱戴；

2. 非核心话题属性

阶级斗争：解放军在特殊历史时期参与阶级斗争的活动；

文体活动：解放军在体育赛事、文艺活动领域的活动；

其他：除此之外的其他话题。

通过分析核心话题属性中各个话题的具体内涵，结合新时代习总书记关于军队的指示，作者对核心话题属性中的话题进行了分类。其中"学习思想"在一定程度上反映了"听党指挥"的要求，"军事战斗""国防建设""军队改革""科学研究"在一定程度上反映了"能打胜仗"的要求，"看病救人""抗险救灾""生产建设""爱民助民""优良作风""拥军优抚"等话题属性则直接或间接地反映了解放军"作风优良"的要求。

按照以上的话题属性分类标准，作者对1946年以来的666条样本数据进行编码，然后对其中的13种具体话题属性进行统计分析（如图10）后发现：在核心话题属性方面，首先，"学习思想"的报道量在13种话题属性中优势明显。而"学习思想"话题属性在一定程度上反映了解放军"听党指挥"的方向，说明《人民日报》在报道人民解放

117

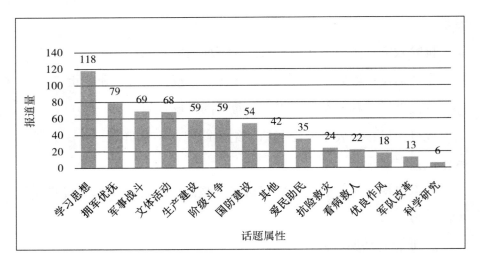

图10　1946年以来人民解放军话题属性统计分析

军时，牢牢把"听党指挥"这一灵魂放在了首要地位。这决定了人民军队的政治方向。其次，在"能打胜仗"方面，话题属性前五名中仅有"军事战斗"。而这个话题属性多出现在战争年代和建国初期。和平年代"国防建设"的话题属性排名第七位，在13种话题属性中排名中等，甚至低于"文体活动""阶级斗争"等非核心话题属性。虽然近些年又出现了"军队改革"的话题属性，但其报道量还相对偏低。整体而言，《人民日报》对塑造人民解放军"能打胜仗"这一形象的重视程度还不够。最后，在"作风优良"方面，人民群众和社会团体对于人民解放军的"拥军优抚"在13种话题属性中排名第二，反映人民解放军帮助群众、在偏远地区开展"生产建设"的话题属性排在了第五，直接讲述解放军"爱民助民"的话题属性也排在了第八，且与排名靠前的其他话题属性在报道量上相差不大，说明《人民日报》较为重视宣传人民解放军"作风优良"的军队形象。在非核心话题属性方面，"文体活动"和"阶级斗争"的排名较为靠前，特别是"文体活动"，排名居于第四位，这与我国一些优秀运动员是军人身份有关，而"阶级斗争"话题属性则是特殊历史年代的集中呈现。

此外，作者按五年为一周期，将1946—2017年共72年话题属性按时间段分为14组进行研究，其中最后一组时间跨度为2011年至2017年，从中找出每一组报道量最高的话题属性作为主要话题属性。统计结果如表4：

表4　《人民日报》中人民解放军话题属性按时间段统计表

时间段	1946—1950	1951—1955	1956—1960	1961—1965	1966—1970	1971—1975	1976—1980
主要话题属性	军事战斗（48条）	拥军优抚（19条）	生产建设（12条）	生产建设（11条）文体活动（11条）	阶级斗争（50条）	学习思想（20条）	学习思想（8条）
时间段	1981—1985	1986—1990	1991—1995	1996—2000	2001—2005	2006—2010	2011—2017
主要话题属性	学习思想（12条）	文体活动（11条）	看病救人（5条）	文体活动（8条）	国防建设（6条）	拥军优抚（6）	军队改革（4条）、拥军优抚（4条）

从表4可以看出：

首先，在"能打胜仗"这一层面，在战争年代，《人民日报》关于人民解放军的主要话题属性为"军事战斗"。然而直到21世纪初的2001—2005年，主要话题属性才再次回到与能打胜仗有关的"国防建设"。2011年至2017年，"军队改革"这一与"能打胜仗"有关的话题属性居于主要话题属性。在战争年代人民解放军由于战事较多，关于其能打胜仗的话题属性报道自然也就较多。在和平年代特别是近些年"国防建设""军队改革"等话题属性被放在了核心位置，说明我军逐渐把能打胜仗作为军队自身的根本职能和军队建设的根本指向。

其次，在"作风优良"这一层面，其中的"拥军优抚"话题属性与"能打胜仗"的话题属性总是相伴出现。如1946年至1950年的话题属性为"军事战斗"，紧随的1951年至1955年的主要话题属性为"拥军优抚"，2001年至2005年的话题属性为"国防建设"，紧随的2006年至2010年的主要话题属性就变成了"拥军优抚"，2011年至2017年，"军队改革"和"拥军优抚"两者同时居于此阶段的主要话题属性。"能打胜仗"与"拥军优抚"的相伴出现，说明我党在提升军队战斗力的时刻，总是在强调解放军的"人民性"，即解放军是受人民爱戴的。此外，在1956—1965年这十年间，"生产建设"这一话题属性一直居于主要话题属性。说明在新中国成立初期，由于战事减少和国内面临的繁重的生产建设需要，人民解放军在"生产建设"领域发挥了重要作用。而这又从侧面体现了人民解放军的优良作风。

再次，在"听党指挥"层面，从"文革"后期的1971年开始到改革开放初期的1985年这十五年时间，《人民日报》中关于人民解放军的主要话题属性一直为"学习思想"，这与当时的政治形势和历史背景密切相关。

最后，在非核心话题属性层面，出现频率最高的话题属性为"文体活动"，分别在1961年至1965年、1986年至1990年、1996年至2000年三个时段中均居于主要话题属性地位。其中1961年至1965年是我国刚刚完成"一五"计划和"二五"计划的时期，1986年至1990年、1996年至2000年则是改革开放取得了一定成绩的时期，说明"文体活动"话题属性容易出现在国内经济发展良好的时期。而

1966 年至 1970 年的主要话题属性为"阶级斗争",这一话题属性是特殊历史条件下产生的。

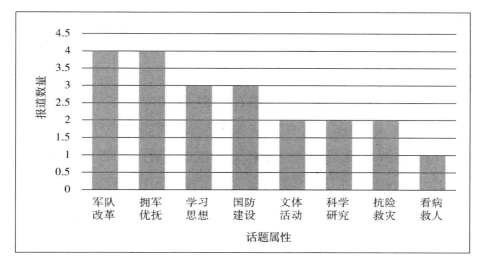

图 11　人民解放军近七年话题属性分布

研究近几年《人民日报》关于人民解放军的话题属性分布,有利于把握当下《人民日报》关于人民解放军的报道话题重点,站在历史纵观的角度上,结合十八大以来人民军队的最新动态,分析新时期人民解放军报道话题的经验与不足。由此,作者对 2011 年至 2017 年近七年来的样本数据话题属性进行了统计分析。首先,近七年来《人民日报》关于人民解放军的主要话题属性为"军队改革"和"国防建设",报道量都比较高。"科学研究"也有涉及。印证了十八大以来以习近平同志为核心的党中央深化军队改革,强调人民解放军"能打胜仗"这一根本职能。其次,"拥军优抚"也居于主要话题属性,说明了十八大以来党中央对于"拥军优抚"工作的重视。2018 年两会期间国务院机构改革方案出炉,新增"退役军人事务部",这充分说明了新时代党中央对于人民解放军"拥军优抚"工作的重视。再次,"学习思想"在新时期的话题属性中报道量也较多。十八大以来，习近平总书记把人民军队"听党指挥"作为其灵魂，强调"听党指挥"决定军队建设的政治方向。在此背景下人民解放军"学习思想"的话题属性报道排位靠前。最后，新时代关于人民解放军的非核心话题属性如"文体活动""抗险救灾""看病救人"的排名相对靠后。

从新时代人民解放军的话题属性分布可以看出：在优势层面，《人民日报》作为中共中央的机关报，准确地反映了以习近平同志为核心的党中央在新时代关于人民军队的重要指示，强调"听党指挥"的人民军队灵魂，突出"能打胜仗"的人民军队根本职能。且较为重视"拥军优抚"这一直观反映人民军队优良作风的话题属性。然而在不足层面，其一，新时代《人民日报》关于人民解放军的总体报道量相对较少。建议在新时代增加人民解放军的相关报道量，为军队改革等营造良好的舆论氛围。其二，新时代《人民日报》在弘扬人民解放军的优良作风时也存在一定报道不足。近几年来体现人民解放军优良作风的报道在网络上多次出现，然而在《人民日报》中却鲜有出现，《人民日报》多通过"拥军优抚"直观反映。建议在接下来的人民解放军报道中，适当增加体现人民解放军优良作风的具体事件特写报道，这样的报道更深入人心，不仅有利于引导官兵树立正确的人生观、价值观，增强其忠于党、忠于人民、忠于祖国的优秀品质，而且有利于在新时代优化人民解放军的媒介形象。

第二章 《人民日报》中人民解放军媒介形象研究

一、框架分析

中国人民解放军建军于 1927 年 8 月 1 日，至 2017 年中国人民解放军已经走过了 90 周年的辉煌历程。《人民日报》中关于人民解放军的报道始见于 1946 年。本研究通过分析 1946 年至 2017 年共 72 年来人民解放军在《人民日报》中所呈现的不同媒介形象，帮助我们从纵向历史的角度去把握人民解放军媒介形象的变迁，同时对主流媒体塑造人民解放军新时代媒介形象具有重要的参考和借鉴意义。

在具体研究过程中，首先，作者通过反复阅读和比较 666 条人民解放军样本数据，分析不同报道分别建构了什么样的解放军形象。其次，作者分析这些报道所采用的结构框架、隐喻、描述、诉求对象、形象属性等。最后，作者对不同历史时期人民解放军媒介形象变迁的内在逻辑进行研究，深入分析人民解放军媒介形象变迁背后的社会动因。

经过研究，作者发现，《人民日报》建构人民解放军媒介形象时，在不同历史时期表现出了各自鲜明的特点。经过梳理总结，作者将《人民日报》中人民解放军的媒介形象归纳为五种，如表5。

表5　《人民日报》建构人民解放军媒介形象框架分析表

媒介形象	战斗英雄	生产建设英雄	毛主席的忠诚战士	抗险救灾英雄	中国梦的坚强护盾
结构框架	解放全中国，维护祖国统一	支援地方发展生产和工程建设	学习毛主席思想	在灾害面前保护群众生命财产安全	实现中华民族伟大复兴的强军梦
比喻	消灭敌人的利剑	祖国生产建设的螺丝钉	毛泽东思想的宣传队和播种机	在灾害面前最美的逆行者	民族崛起、民族复兴的坚强护盾和钢铁长城
口号	打倒蒋介石，解放全中国	保卫祖国是英雄，建设祖国是好汉	红心忠于毛主席，甘洒热血为人民	抗震救灾一往无前，遵守纪律秋毫无犯	听党指挥、能打胜仗、作风优良
职能	军事战斗	生产建设	阶级斗争	抗险救灾	军事备战
斗争对象	蒋匪美帝	贫穷落后	阶级敌人	灾害	侵略者
形象属性	军事属性	经济属性	政治属性	政治属性	军事属性
是否形成主体形象	是	是	是	否	是
报道高峰时段和数量	1946—1950（47篇）	1956—1960（12篇），1961—1965（11篇）	1966—1970（95篇），1971—1975（21篇）	1996—2000（4篇），2006—2008（4篇）	2011—2017（10篇）

二、人民解放军媒介形象变迁

（一）战斗英雄

由图 12 可以看出，人民解放军作为"战斗英雄"形象出现在《人民日报》上的时间，主要集中在 1946 年至 1950 年，即解放战争阶段。此阶段"战斗英雄"作为人民解放军的主体形象而存在。新中国成立以后随着国内局势逐渐和平稳定，样本中解放军作为"战斗英雄"形象出现的次数逐渐减少，至"文革"之后样本中人民解放军"战斗英雄"的形象几近消失。作者在《人民日报》数据库中以"战斗英雄"为关键词，搜索 1986 年至 2017 年的相关报道，发现仅有 34 篇，印证了《人民日报》后期有关人民解放军"战斗英雄"形象报道出现了弱化的情况。

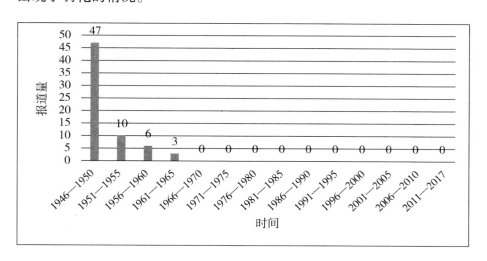

图 12　解放军"战斗英雄"形象报道量变化

　　在"战斗英雄"媒介形象报道量最高的 1946 年至 1950 年期间，样本数据共 89 条，其中呈现为"战斗英雄"的数据达 47 条，此阶段"战斗英雄"成为人民解放军的主体形象。在国内解放战争的背景下，此阶段人民解放军作为"战斗英雄"形象存在，其职能表现为"军事战斗"。这也是人民解放军作为军人群体最初的、根本的职能特征。此阶段作为"战斗英雄"出现的人民解放军，其斗争对象为国民党军队。值得一提的是，在解放战争的先后阶段，《人民日报》对于其斗争对象"国民党军队"的称谓发生了微妙变化：在解放战争防御阶段的 1946 年至 1947 年初，《人民日报》对于国民党军队的称谓为"蒋军"。如《鲁中解放军激战四昼夜　再歼蒋军精锐七千》（1947 年 7 月 31 日第 1 版）。而进入 1947 年末的战略反攻和后期的战略决战阶段，《人民日报》对于国民党军队的称谓变为"蒋匪"。如《莫斯科广播评中国形势：解放军全面发展反攻 蒋匪陷于总崩溃境地》（1947 年 12 月 14 日第 1 版）。这在一定程度上反映了解放战争时期不同阶段敌我双方的军事力量的变化，也反映出《人民日报》在塑造人民解放军"战斗英雄"媒介形象时的策略。

　　作者进一步阅读解放战争时期人民解放军作为"战斗英雄"形象的文章时发现，此阶段人民解放军作为"战斗英雄"形象伴随着相应的结构框架，即"解放全中国，维护祖国统一"。人民解放军被喻为"消灭敌人的利剑"。并提出了"打倒蒋介石，解放全中国"的口号。作者对 1946 年至 1950 年共 5 年期间"战斗英雄"相关报道的话题性进行了归类，发现《人民日报》在塑造人民解放军"战斗英雄"的形象时，并非单一地报道其战斗胜况，其话题属性大致可分为三类：第一类为报道人民解放军的捷报，即"战斗英雄"能打胜仗的特征。相关报道如《华东解放军春季攻势两个月　歼灭蒋匪八万五千　解放城市十九座　控制胶济路四百里》（1948 年 6 月 8 日第 2 版）。第二类为表现"战斗英雄"素质高、军纪严明，与国民党军队形成鲜明对比。相关报道如《解放军素质极高　蒋家军士气低落　李守正比较两军优劣》（1947 年 5 月 15 日第 1 版）。第三类为百姓积极参加人民解放军，争当"战斗英雄"。相关报道如《庆祝十万青年参加人民解放军》（1946 年 11 月 10 日第 1 版）。

　　整体而言，人民解放军"战斗英雄"的媒介形象在解放战争时期起到了至关重要的作用。其一，"战斗英雄"的媒介形象宣传了我军战斗事迹，鼓舞了我军士气，打击了敌军的嚣张气焰。其二，"战斗英雄"的媒介形象体现了我军消灭国民党军队、争取全国统一的正义性，在国共两党军事斗争中为我方赢得了较好的舆论空间。其三，"战斗英雄"的媒介形象润物细无声般在群众心中生根发芽，为人民解放军争取更多革命力量做出了重要贡献。《人民日报》在塑造人民解放军"战斗英雄"的媒介形象时多使用短消息的报道体裁，这与战时对战场局势消息时效性要求高、此阶段《人民日报》版面有限和战争阶段对军事信息的保密要求较高等有直接关系。然而这种短消息塑造形象较为笼统，缺乏生动具体的刻画与描写，导致人民解放军"战斗英雄"形象不够丰满。

（二）生产建设英雄

　　本研究通过统计分析，发现新中国成立以后人民解放军作为"生产建设英雄"形象出现过两次报道高峰。第一次报道高峰为 1956 年至 1960 年、1961 年至 1965 年这十年间。第二次报道高峰出现在"文革"

结束后，改革开放初期的 1981 年至 1985 年、1986 年至 1990 年。进一步分析两次"生产建设英雄"形象出现的时间后发现，这两次报道高峰出现时段具有一定的历史相似性："生产建设英雄"第一次报道高峰出现在新中国一穷二白背景下恢复生产建设的时期，1956 年至 1965 年这十年间"一五"计划刚刚完成，"二五"计划随之展开，国内迎来了生产建设的高潮。第二次"生产建设英雄"报道出现的高峰期 1981 年至 1990 年，我国在改革开放后再次迎来了各领域生产建设的高潮。围绕"支援地方发展生产和工程建设"的结构框架，当时提出了"保卫祖国是英雄，建设祖国是好汉"的口号，人民解放军作为"螺丝钉"参与到国内的生产建设中。不过，人民解放军前后两次参与生产建设所涉及的领域不尽相同。1956 年至 1965 年期间涉及"生产建设英雄"的样本数据共 23 条，其中关于人民解放军参与农业生产的数据达 17 条，占比达 74%，相关报道如《认真阅读农业发展纲要 尽最大努力支援农民 "解放军报"向全军发出号召》（1957 年 10 月 28 日第 4 版）、《解放军积极支援夏收夏种》（1959 年 5 月 25 日第 6 版）。而 1981 年至 1990 年期间涉及"生产建设英雄"的样本数据共 14 条，其中有关人民解放军参与工程建设和绿化建设的达 10 条，占比达 71%。相关报道如《解放军在引滦工程中做出卓越贡献》（1983 年 8 月 17 日第 2 版）、《今年将抽出更多力量支援地方急需工程建设》（1985 年 2 月 6 日第 4 版）。

从历史纵向的角度来讲，新中国成立以后出现的两次人民解放军"生产建设英雄"报道高峰，是当时人民解放军参与支援国家生产建设的客观体现，为当时国内的生产建设高潮营造了良好的舆论氛围。改革开放以来，随着国内农业机械化现代化的发展，农业领域需要人

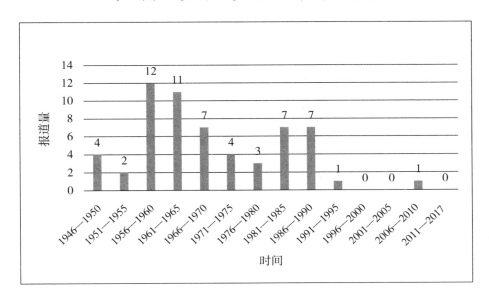

图13　解放军"生产建设英雄"形象报道量变化

民解放军支援的需求下降，进入 20 世纪 90 年代以后，有关人民解放军"生产建设英雄"形象的报道逐渐减少。可以说，人民解放军作为"生产建设英雄"的形象，是特殊历史时期的特殊产物。这种形象产生于战争年代，发展于国内生产力尚不发达的生产建设时期。新中国成立以后随着战事减少，人民解放军的生产建设职能得到进一步发挥，"生产建设英雄"形象在 1956 年至 1966 年一度成为人民解放军的主体形象。如果说"战斗英雄"形象涉及的是政治领域，那么"生产建设英雄"形象涉及的则是经济领导，是人民解放军五个形象中唯一的一个涉及经济领域的形象。

（三）毛主席的忠诚战士

由图 14 可以看出，人民解放军作为"毛主席的忠诚战士"形象经历了三个时期。分别为 1961 至 1965 年，1966 年至 1970 年"文革"

初期和 1971 年至 1975 年"文革"后期。在"文革"初期的 1966 年至 1970 年，样本数据共 134 条，其中"毛主席的忠诚战士"形象报道共 95 条，占比达 71%，绝对是当时人民解放军的主体形象。"文革"后期的 1971 年至 1975 年样本数据共 53 条，"毛主席的忠诚战士"形象报道数量达 21 条，占比达 40%，虽然占比有所回落，但人民解放军"毛主席的忠诚战士"形象报道在此期间仍占最高比例。由此可得出结论，十年"文革"期间，"毛主席的忠诚战士"一直是人民解放军的主体媒介形象。

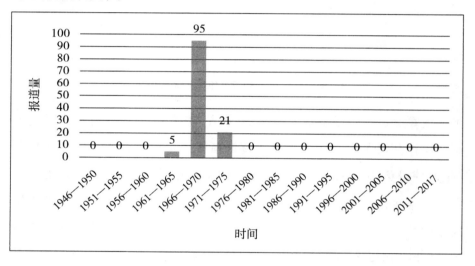

图 14 人民解放军"毛主席的忠诚战士"形象报道量

通过进一步分析，可以看出人民解放军作为"毛主席的忠诚战士"形象有三种参与方式：第一种参与方式为毛主席思想的学习者。即人民解放军积极学习毛主席思想，以毛主席思想为引领指导军队工作。相关报道如《建设非常无产阶级化非常战斗化革命军队的又一光辉胜利解放军涌现大批四好连队五好战士创四好 争五好 毛泽东思想挂帅第一条》（1964 年 2 月 14 日第 2 版）。第二种参与方式为毛主席思想的宣传者。即人民解放军组建毛主席思想宣传队，到工人、学生和农民群体当中宣传毛泽东思想。相关报道如《张家口运输公司革委会在解放军帮助下发扬理论联系实际的好学风带着问题举办毛泽东思想学习班》（1968 年 8 月 14 日第 1 版）。第三种参与方式是毛泽东思想的贯彻者。相关报道如《在批林批孔中充分发挥党支部战斗堡垒作用——人民解放军北京卫戍区某部六连党支部加强党的领导的经验》（1974 年 7 月 2 日第 1 版）、《提高革命警惕　保卫祖国边疆　解放军边防海防部队指战员经过批林批孔　斗志更加昂扬》（1974 年 8 月 1 日第 2 版）。

　　整体而言，"毛主席的忠诚战士"形象是当时人民解放军的主体形象。从历史纵向来看，至此人民解放军在《人民日报》中的主体媒介形象经历了"战斗英雄""生产建设英雄"到"毛主席的忠诚战士"三个时期，形象属性由军事属性、经济属性变为此时的政治属性。

（四）抗险救灾英雄

　　由图 15 可以看出，人民解放军"抗险救灾英雄"形象出现的时间较早，经历的历史时期较长。早在新中国成立之前的 1946 年就有相关的报道。几十年来关于此形象的报道不断升温。特别是改革开放以后此形象的地位更加突出，在今天仍是人民解放军的重要形象。

　　进一步分析发现，人民解放军"抗险救灾英雄"形象有几次报道高峰期。且这些报道高峰期与国内历史上的地震、洪水等重大自然灾害出现的时间段有一定关系。比如第一次报道高峰期 1976 年至 1980 年样本数据中有 3 条关于此形象的数据。其间 1976 年人民解放军参与

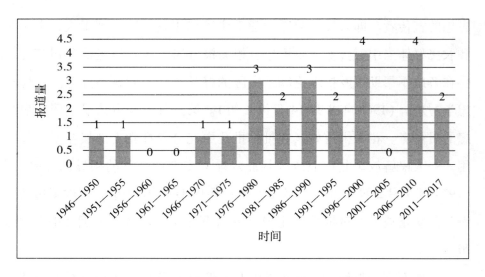

图 15　人民解放军"抗险救灾英雄"形象报道量变化

唐山大地震抗震救灾，相关报道如《抗震救灾一往无前　遵守纪律秋毫无犯》（1976 年 8 月 29 日第 3 版）。第二次报道高峰期 1996 年至 2000 年，此阶段样本数据中有 4 条涉及"抗险救灾"形象的数据。其间 1998 年人民解放军参与抗洪救灾，相关报道如《三万多官兵驰援抗洪重点地段》（1998 年 8 月 9 日第 1 版）。第三次报道高峰 2006 年至 2010 年样本数据中涉及"抗险救灾"形象的数据有 4 条，其间人民解放军参与 2008 年汶川地震抗震救灾，相关报道如《十万军人向灾区立体突击 筑起生命通道》（2008 年 5 月 17 日第 2 版）。

　　对比来看，人民解放军"抗险救灾英雄"形象高峰期的报道量要比人民解放军其他形象高峰期的报道量少，这与灾害的突发性强，且报道时要求重点关注灾害本身有一定关系。虽然"抗险救灾英雄"的报道量不是很多，但《人民日报》在塑造人民解放军"抗险救灾英雄"形象时，多次使用通讯甚至特写的报道体裁，深情地讲述人间大爱和解放军与人民的鱼水之情，在群众心中树立了深刻的印象。相关的特写报道如《英雄泪》(1998 年 9 月 4 日第 5 版)、《"解放军是我们最亲的人!"》(2008 年 6 月 22 日第 1 版)。

新时期《人民日报》在塑造人民解放军"抗险救灾英雄"形象时也面临着诸多挑战。主流媒体在灾害报道上面临选题、对象同质化的问题。而同题报道多,难以在报道中做到守正出奇。由于《人民日报》中人民解放军"抗险救灾英雄"形象存在的时间较长,新时期该形象塑造也面临着报道方式重复老旧的问题,只有在原来的基础上创新报道方式,增强该形象的新鲜感和吸引力,才能使人民解放军"抗险救灾英雄"的形象更加深入人心。

(五) 中国梦的坚强护盾

党的十八大以来,习总书记提出的中华民族伟大复兴的"中国梦"成为中华儿女在新时期的奋斗目标。人民解放军的"强军梦"作为"中国梦"的有机组成部分,在新时期表现出新的媒介形象特征。

作者对 2011 年至 2017 年共 21 篇人民解放军报道样本数据进行统计分析发现,人民解放军"中国梦的坚强护盾"形象的报道共 10 条,占比达 48%,"中国梦的坚强护盾"形象是人民解放军 2011 年至 2017 年的主体形象。作者对 10 篇人民解放军"中国梦的坚强护盾"形象报道的话题属性做进一步分类,话题涉及军队改革、国防建设和学习习总书记强军思想三类。涉及"军队改革"的有 4 篇,数量最多,相关报道如《揭秘我军首支战略支援部队(国防视线·深化国防和军队改革进行时)》(2016 年 1 月 24 日第 6 版)。涉及"国防建设"的有 3 篇,相关报道如《我为祖国守边防(国防视线·人民军队 90 年》(2017 年 7 月 30 日第 6 版)。值得一提的是,近几年人民解放军国防建设中外海事务增多，相关报道开始增加，如《中国人民解放军驻吉布提保障基地成立》（2017 年 7 月 12 日第 4 版）。涉及学习习总书记强军思想 3 篇，相关报道如《深入把握党在新时期的强军思想的科学体系（深入学习贯彻习近平同志系列重要讲话精神)》（2017 年 8 月 2 日第 7 版）。通过分析报道中涉及的三种话题可以看出，十八大以来《人民日报》在塑造人民解放军"中国梦的坚强护盾"形象时，聚焦其能打胜仗的战斗本色和根本职能，生动反映了十八大以来军队改革的最新要求，坚持了学习习总书记强军思想、听党指挥的军队建设政治方向。从报道体裁上看，10 篇人民解放军"中国梦的坚强护盾"形象报道中消息有 4 篇，通讯有 3 篇，新闻评论有 3 篇，报道体裁分布较为科学。

整体而言，十八大以后《人民日报》精准地把握了党中央、习主席对人民军队的决策部署要求，多种新闻体裁齐发力，科学合理地安排了人民解放军相关新闻话题的报道，使得人民解放军"中国梦的坚强护盾"形象深入人心。

第三章　新时代塑造人民解放军形象的政策建议

一、突出顶层设计，把握四个原则

新时代《人民日报》在塑造人民解放军的形象时，应该准确地理解和把握习近平强军思想，以此作为自己报道人民解放军时的重要原则和行动大纲，做好塑造新时代人民解放军形象的顶层设计。具体来讲，应该把握以下四个原则：

第一，重点把握"党对人民军队的绝对领导"的根本原则。党的十九大报告指出，必须全面贯彻党领导人民军队的一系列根本原则和制度。不管是在战争年代还是在和平年代，党领导军队始终是我军坚持的第一原则，这个原则应该体现为我军形象的内核，不容改变。《人民日报》在塑造新时代人民解放军的形象时，应首先把握人民解放军"听党指挥"这一灵魂和政治方向，通过人民日报理论版和社论等方式，积极宣传习近平强军思想，报道好我军学习的最近情况。

第二，聚焦共和国卫士的核心形象。十九大报告指出，军队是要准备打仗的，一切工作都必须坚持战斗力标准，向能打仗、打胜仗聚焦。在战争年代，中国人民解放军打仗这一核心职能被重点突出，进入和平年代，随着战事减少，关于我军打仗这一核心职能的报道也相对减少。新时代《人民日报》在塑造人民解放军的形象时，要重点凸显其"能打胜仗"的核心形象，重点关注人民解放军实战化军事训练、军事智能化发展等方面的最新进展，这种形象对外能形成一种强大的军事震慑，对内则使得民众对于我军实力充满信心，激发爱国情感。

第三，积极宣传我军深化国防和军队改革的最新进展。十八大以来，改革进入深水区，军队内部也进行了一系列意义深刻的改革，这些改革将作为我军新时代综合形象的一部分呈现。《人民日报》在塑造新时代人民解放军的形象时，要做好伟大新时代的记录者，通过宣传报道我军深化国防和军队改革后的系列积极变化，为我军深化国防和军队改革鼓与呼。

第四，持续关注我军国防和军队现代化优秀成果。习总书记多次强调，核心技术必须掌握在自己手中。未来的军队建设，也必须坚持科技兴军这一战略要求。近几年我军利用最新科技，在国防和军队现代化领域实现了众多突破。《人民日报》在塑造新时代人民解放军的形象时，要持续关注我军"国防和军队现代化"最新成果，在不泄露军事机密的前提下，适当展示我军科技实力，提升我军"科技范儿"的新形象。

二、提升我军新时代形象的舆论热度

历史纵向地看 1946 年以来人民解放军在《人民日报》中报道量

的变化，人民解放军在战争时期和"文革"时期的报道量维持在一个较高的水平。改革开放以来，《人民日报》关于人民解放军的报道量维持在一个稳定的水平。但十八大以来，样本数据中《人民日报》关于人民解放军的报道一直维持在 2—3 篇，低于改革开放以来的平均水平。2017 年恰逢中国人民解放军建军 90 周年和党的十九大召开，《人民日报》关于人民解放军的报道才有所增加。新时代《人民日报》在塑造人民解放军的形象时，要使人民解放军报道热度常态化，及时增加人民解放军的相关报道，全景式展现人民解放军各个领域的最新进展，为实现强军目标营造良好的舆论氛围。

《人民日报》中人民解放军报道的头版指数是指在某一时间段内，人民解放军头版报道量占其报道总量的比例。头版指数的高低显示了某一时期《人民日报》对于人民解放军的重视程度。如图 3 所示，在战争年代和建国初期人民解放军在《人民日报》中的头版指数一直较高，随后人民解放军报道的头版指数维持在 30% 左右的水平，2011 年至 2017 年人民解放军报道的头版指数即为 30%。新时代我国要实现从"富起来"到"强起来"的历史转变，"强军梦"作为"中国梦"的重要组成部分，"强军"作为国家"强起来"的重要表现，使得人民解放军报道议题的重要性进一步凸显。《人民日报》在塑造人民解放军形象时，要适时提高人民解放军报道头版指数。

三、统筹人民解放军报道体裁，深化媒介融合

纵观历史上《人民日报》关于人民解放军各种体裁的报道，均发挥了各自不可估量的作用。在战争年代，由于战情紧急，对新闻的时

效性要求较高，关于人民解放军的消息报道为人们了解最新战况提供信息。在和平年代，通讯报道和人物特写发挥了更大作用，对人民解放军的报道更加生动具体，使人民解放军的形象更加饱满。新闻评论作为舆论宣传的重要手段，是《人民日报》宣传我军优良传统和军队建设的重要方式，直观地宣传了人民解放军的形象。社会来信作为《人民日报》曾经塑造人民解放军形象的重要方式，展现了良好的军民互动效果，为新时代的军队宣传工作提供了一定的工作思路。整体而言，2011 年至 2017 年《人民日报》关于人民解放军的报道体裁中，消息的占比最高，达到 72%，甚至高于战争时期和建国初期人民解放军消息报道量的占比，通讯类报道占比较低，没有出现人物特写报道，说明新时期人民解放军的报道还存在简单直接、形象不够丰满的问题。此外，面对新时期军队进行的系列改革，迫切需要《人民日报》以新闻评论的形式进行舆论引导和改革解读。然而，2011 年至 2017 年《人民日报》关于人民解放军的新闻评论占比较低。针对上述问题，结合《人民日报》历史上各种报道体裁发挥的重要作用，建议《人民日报》在新时代统筹人民解放军报道体裁，多种报道形式齐发力。

首先，提高新时代人民解放军形象的生动性和感染性。人民解放军消息体裁报道占比过高，而通讯和人物特写报道占比较低，显示出当前《人民日报》在塑造人民解放军媒介形象时故事性较弱。新时代《人民日报》要逐渐提高人民解放军通讯类报道的占比，讲好军队故事，增强人民解放军形象的生动性和感染力，并在整体报道框架下尝试个体报道框架，在军队改革、强兵练兵等重大题材中树立军队典型人物，使这些典型成为新时代人民解放军形象的代表。

其次，增强新时代人民解放军形象的自主性和引导性。如果说消息和通讯是间接地展示人民解放军的形象，新闻评论则是直接地塑造人民解放军的形象。新时代军队改革不断深入，面临着错综复杂的舆论环境，网络中关于军队的负面舆情和网络谣言时有发生，仅仅靠消息和通讯已不能够适应当前的军队形象塑造环境。新时代要适当增加新闻评论，及时引导涉军舆论，解读军队改革的相关内容，增强新时代人民解放军形象的自主性和引导性。

再次，提升新时代人民解放军形象的互动性和鲜活性。社会来信作为《人民日报》历史上军民互动的重要方式，展现了军民互动的良好氛围。在新时代军民融合背景下，更需要宣传"军民一家亲，人民解放军拥政爱民"的形象。新时代《人民日报》在塑造人民解放军的形象时，可以借鉴历史经验，利用网络开通军民互动平台，广泛收集民意，使现在涉军报道的单向传播变为双向传播，从而提升新时代人民解放军形象的军民互动性。同时要深化媒介融合，利用多媒体技术增强人民解放军形象的鲜活性。2018 年 4 月 12 日，我国海军在南海举行大阅兵，《人民日报》在其微信公众号上发布了《南海！大阅兵！》媒介融合作品。该作品同时包含文字、图片和视频等多种媒体形式，鲜活地展示了我国海军的强大实力，取得了较好的传播效果。新时代《人民日报》要总结这样的报道经验，多种体裁、多种平台、多种媒体形式齐发力，合力形成强大的传播矩阵。

四、强调"能打仗、打胜仗"主体形象，不忘军队优良传统

《人民日报》在不同时期报道人民解放军时，根据当时的社会环

境，会重点报道某一类型的话题，从而塑造出人民解放军不同时期的主体形象。从战争时期的"战斗英雄"，到"一五""二五"时期的"生产建设英雄"，到"文革"时期"毛主席的忠诚战士"，到改革开放后日益突出的"抗险救灾英雄"形象，再到今天的"中国梦的坚强护盾"形象。十八大以来，《人民日报》为塑造人民解放军"中国梦的坚强护盾"形象，重点关注了"军队改革""国防建设""学习思想"等话题，较为全面地反映了十八大以来实现强军梦的进程。建议《人民日报》在新时代塑造人民解放军的形象时，做到把握重点，强调"能打胜仗"主体形象。同时统筹兼顾，不忘报道军队优良传统。

首先，《人民日报》要把握重点，重点塑造人民解放军"能打仗，打胜仗"的主体形象。十九大报告指出，军队是要准备打仗的，一切工作都必须坚持战斗力标准，向能打仗、打胜仗聚焦。站在新时代的历史方位上，《人民日报》必须抓住军队"能打胜仗"这个报道重点，在选题、排版时要重点关注"能打胜仗"这一报道话题，着力塑造人民解放军"能打胜仗"这一形象，为国家的"强军梦"营造良好的舆论氛围。切勿抓不住报道重点，各个话题都有涉及但没有突出主体形象，或者片面重视人民解放军"文体活动"等非核心话题，从而忽视了人民解放军在新时代的根本职能。

其次，《人民日报》要统筹兼顾，弘扬军队优良传统。人民解放军建立90年来，拥政爱民、勤俭节约、不怕牺牲等优良传统成为人民解放军形象必不可少的组成部分。新时代《人民日报》在塑造人民解放军的形象时，不能忽视这些优良传统。如果说能打胜仗是骨骼，那么这些优良传统则是血肉，它使人民解放军的形象真正变得有血有肉，富有温度。

第四部分

04

《人民日报》关于教师媒介
形象的建构与历史变迁

方增泉　祁雪晶　李　君

　　摘　要　1946 年以来，教师的媒介形象随着年代的推进而演变，因为政治、经济、文化以及传媒载体的发展而呈现不同特点。本部分采用量化与质性相结合的研究方法，通过对《人民日报》数据库中有关教师的相关报道进行采集，利用 nvivo、nlpir 等分析工具，得出《人民日报》在不同历史时期建构了各有特色的教师形象，而尊师重教则是教师形象建构中不变的主题。

　　本部分首先对《人民日报》中教师的媒介建构进行了分析。主要分为四个方面：样本数量在年代、月份上的变化，报道标题中的关键词分析，样本体裁的特点和年代变化，有关教师议题的设置和分布等，得出结论：《人民日报》有关教师的报道呈现整体增长态势。从 1976 年开始，教师报道的整体数量突然飙升，并逐渐保持稳定的状态。每年 9 月份是《人民日报》教师报道数量最多的月份。不同历史时期《人民日报》关于教师报道分为六大阶段：关键词为改造、思想、知识分子的人民教师阶段，关键词为小学、公办、贫下中农的工农教师阶段，关键词为知识分子、尊师重教的人民教师的知识分子身份"回归"阶段，关键词为青年、培训、农村的教师社会地位提升阶段，关键词为尊重教师、师德、住宅的强化教师专业地位阶段，关键词为孩子、科研、乡村的教师形象的崇高化阶段。在 1946—2018 年整个历史时期，消息报道是《人民日报》首要的报道方式，师德师风议题在所有报道中占据首要位置。

在《人民日报》教师媒介形象的历史变迁部分，本研究通过对样本报道数量、报道时间、报道体裁、报道议题等各方面的分析，将《人民日报》中的教师媒介形象归纳为四种类型。分别为孺子牛——新中国教育的奠基者；臭老九——再教育和思想改造对象；人梯——教育现代化的奉献者；筑梦人——梦之队的引领者。

同时，本研究为了进一步认识《人民日报》教师媒介形象建构的特点和优劣势，对比分析了新浪新闻的微博账号中有关教师的相关报道，从而得出《人民日报》教师形象塑造中呈现的特点，包括立场坚定，始终坚持以正向报道为主的报道方针；报道体裁多样，更具有专业性；报道视野宏观全面。不足之处表现在教师形象的片面化呈现、教师形象的高大神圣化塑造、教师形象建构的政治要求过于宏观等。

（本文系教育部人文社会科学研究规划基金项目〔16YJA710007〕成果）

绪　论

一、研究背景和研究意义

（一）研究背景

1. 历史背景

在中华文明几千年的发展和传承中，教师这一角色一直承担着承上启下的重要作用，对华夏文明的延续和创新具有不容忽视的影响。

教师形象作为我国较早受到关注的话题，多位文学家、教育家都有提及。如《论语》中孔子说"学而不厌，诲人不倦"，孟子对梁惠王谈到的"天降下民，作之君，作之师"，韩愈流传最广的"师者，所以传道、授业、解惑也"，以及后来常用来形容和赞美教师的"春蚕到死丝方尽，蜡炬成灰泪始干""落红不是无情物，化作春泥更护花"等，无不体现着教师的高尚品行和春风化雨的精神。

与此同时，教师的地位也受到历代政治统治者的重视和肯定，并被社会大众广泛推崇。不管是春秋战国时期的"百家争鸣"，汉朝的

"罢黜百家，独尊儒术"，明清的"程朱理学"等，都与政治在教育方面的推动有着重要关联。

可以说，教师行业的发展对国家的文化、政治和社会稳定等具有举足轻重的作用。

2. 现实背景

人是社会的主体，时代的进步肯定离不开人才的作用。社会发展的速度越快，知识和人才也就更加重要。随之而来的也有教育和教师的地位和作用更加明显。近代以来，教师曾多次被形象地比喻为春蚕、红烛、铺路石、孺子牛、人梯、园丁、灵魂工程师等，教师形象呈现出大公无私、默默奉献的光辉特点。教师形象不仅可以展现教师的精神和工作风貌，也体现了教师的教育教学的能力和个人私德素质等，代表着国家教育事业的发展水平和社会文明进步的程度。

在 2018 年 9 月 10 日全国教育大会上，习近平总书记强调"教师是人类灵魂的工程师，是人类文明的传承者"，全党全社会要弘扬尊师重教的社会风尚，努力提高教师的政治地位、社会地位、职业地位，让广大教师享有应有的社会声望，在教书育人岗位上为党和人民事业作出新的更大的贡献。① 此前，在 2018 年 2 月发布的《中共中央国务院关于全面深化新时代教师队伍建设改革的意见》中指出："教师承担着传播知识、传播思想、传播真理的历史使命，肩负着塑造灵魂、塑造生命、塑造人的时代重任，是教育发展的第一资源，是国家富强、民族振兴、人民幸福的重要基石。"②

---

① 新华网. 坚持中国特色社会主义教育发展道路培养德智体美劳全面发展的社会主义
建设者和接班人 [DB/OL]. 中国共产党新闻网, 2018 - 09 - 11.

② 新华社. 中共中央国务院关于全面深化新时代教师队伍建设改革的意见 [DB/OL].
国务院新闻办公室网站, 2018 - 01 - 31.

习近平总书记指出，今天的学生就是未来实现中华民族伟大复兴中国梦的主力军，广大教师就是打造这支中华民族"梦之队"的筑梦人①。这是对教师形象的新概括，是新时代对教师形象的角色重设。

（二）研究意义

1. 理论意义

教师形象是学术研究的一个重要领域，我国有关教师形象的研究从 20 世纪 80 年代以来大量涌现。研究对象的类型有小学、中学、高校、幼儿园等不同教育层次的教师形象。也有对不同专业类型的教师形象的研究，如体育教师、乡村教师、幼儿教师等的形象解读。研究方法多采用内容分析法。而问卷调查法也是近年来常用的研究方法。

本研究的创新之处在于跨时间分析了《人民日报》数据库中的教师形象，并详细分析了教师媒介形象建构的特点和历史变迁。还通过与新浪微博中的教师媒介形象的对比，分析了《人民日报》教师媒介形象建构的优缺点。尽管有关教师在媒体报道中的形象研究时有出现，但是多集中于新媒体上的教师形象，有关党媒中教师形象的研究并不多。本研究对《人民日报》中教师形象的分析采用 1946 年以来七十多年的有关报道，时间跨度大，能够更好地呈现历史变迁中教师形象的相关变化。同时，利用新媒体如新浪微博中的教师形象与《人民日报》中的有关结论进行对比分析，能够更好地了解教师媒介形象在社会变迁中的建构和特点。

---

① 胡浩. 打造中华民族"梦之队"的筑梦人（砥砺奋进的五年）［N］. 人民日报，2017 - 09 - 10（1）

2. 实践意义

媒体对教师媒介形象的建构有多方面的影响。首先，教师媒介形象的建构会直接影响教师群体在社会大众心目中的形象，影响他们的客观评价和感受；其次，教师媒介形象会影响学生和家长对教师的认知和信任，继而影响师生关系、学校和家长之间的关系等；最后，教师媒介形象同样会对广大教师的自我认知、奋斗方向以及追求目标的确立产生影响。从精神层面来讲，教师媒介形象也具有推动教育现代化发展的作用。教师媒介形象的历史变迁更加体现了社会变迁，了解教师媒介形象就是了解媒介教育史学。

《人民日报》作为中央级的国家媒体，覆盖面广，影响力大，公信力强，具有很强的权威性。本研究以《人民日报》新中国成立以来有关教师的报道作为研究样本，对于更好地了解教师媒介形象的特点、变迁可以发挥很大的作用，也能够更加全面地研究教师形象，同时发挥主流媒体记录社会、引领社会舆论的职能。

通过对《人民日报》教师媒介形象建构和历史变迁的分析，我们能够进一步了解教师媒介建构的过程和作用。尤其和新浪微博的教师媒介形象进行的对比分析，能够进一步帮助我们认识纸质媒体和网络媒体所构建的教师媒介形象的异同点，能够对《人民日报》教师媒介形象的优缺点有深层次的把握，从而对《人民日报》教师媒介形象的建构提出对策建议，指导未来教师媒介形象的发展。

二、概念界定

（一）教师

对于教师，我们也常称为老师。"师者，所以传道授业解惑也"，这是中国几千年来对老师一词认同最广泛、引用最多，也是最为人熟知的界定。据此，老师是学生的学习引路人，是生活的指导者，更是人生的方向标。实际上，老师最初指年龄大、资历深的知识分子。这点可以在《史记·孟子荀卿列传》中得到佐证，如"齐襄王时，而荀卿最为老师"。伴随着社会的演变，老师的含义逐渐外延到教授他人知识技能的人。自明清以来，教师多被称为"先生"，这一称呼不仅为众多文学作品所沿用，近代史中也可以找到多种例证。比如新文化运动中高呼为旗帜的"德先生"和"赛先生"。19世纪末20世纪初，中国现代教育奠基人何子渊等将美式教育引入中国。何子渊是最早参与辛亥革命的知识分子之一，他创办了新式学校，并且把"老师"的标准称谓纳入"学生操行规范"中。国民政府时期，"老师"这一称谓逐渐取代"先生"，被广大青年学子广泛使用，并一直沿用至今。

"教师"一词一般包含两层意思：一方面，教师指代着一个群体，代表着一类人，一类不限于在教育行业传授知识的人，具有强烈的社会属性；另一方面，教师只是行业个体的代表，是教书育人的专业人士，承担了教育教学的工作，具有个人属性和专业属性。两层含义有广义和狭义之分，是包含和包含于的关系。广义的教师不仅包括在学校从事教育教学工作的专业人员，也包括不同行业中向他人传授知识、传播经验的人。①

在《中华人民共和国教师法》中教师被这样定义：履行教育教学的专业人员，承担教书育人，培养社会主义事业建设者和接班人，提高民族素质的使命。②

在本次研究中，教师主要的含义主要在于第二层，即指受过专业培训，并在教育机构（学校）中担任教育、教学工作的人。考虑到特殊历史时期社会教育文化的差异，本研究中的教师含义更多倾向于在教育系统承担教育、教学任务的工作人员。

（二）教师形象

教师形象的研究一直是国内外研究的一大热点。从教师诞生那一刻始，不管是国内还是国外，人们就开始了对教师形象的关注，有关教师形象的研究更是层出不穷。众多研究必然产生多种观点，各种观点在对教师形象的不断交织、碰撞、辩驳中，推动着教师形象研究向前发展。③

不同学者对于教师形象有着不同的定义。多数研究者常基于"形象""社会形象"或者"职业形象""职业素质"等概念，再对"教师形象"进行概念化定义。学者陈云奔、车筱萌在《"教师形象"研究的若干问题》中，对教师形象的概念总结出以下的特点：教师形象

---

① 邵婷，朱旭东. 评述我国教师形象研究发展趋向［J］. 当代教师教育，2013，6（3）：1-6.

② 中华人民共和国教育法中华人民共和国义务教育法中华人民共和国教师法最新修订［Z］. 北京：中国法制出版社，2010：6

③ 王燕燕. 我国教师形象研究的演变（1978—2010年）［J］. 内蒙古师范大学学报（教育科学版），2011，24（6）：12-14.

是公众对教师综合表现的一种整体性认识、评价和印象。这里的教师包括教师个体和行业群体两个方面。教师形象和时代变化密切相关，有着独特而鲜明的时代印迹。作为时代背景下社会文化建构的产物，教师形象也有着一定的文化特色和文化背景。①

教师形象具有历史性、时代性、文化性、稳定性的特点。研究者卢旭在《社会变迁中的教师形象》中对教师形象这样定义：一定的历史文化背景下，作为教师角色的个人和社会群体的个性特质和行为方式的表征，以及社会公众在这些表征的基础上对教师角色的期望、评价所形成的较为稳定和概括的整体印象。②

林良章给教师形象这样定义：教师形象指教师给人们留下的印象，抑或指人们对教师的看法或评价。③ 浙江师范大学教师教育学院的王燕燕认为，通过教师形象，我们可以接收到社会公众对教师群体理想化的形象的反馈，了解大众对教师的价值期待。另外，教师形象在反映大众期待的同时，也是他们认识教师行业的最直接的渠道、最便捷的窗口，蕴含着对"好老师"应然状态的探寻以及理想教师形象的价值导向。④

在我国，蜡烛、春蚕、灵魂的工程师等，都曾是教师形象的象征。教师形象的变迁和时代的发展紧密相关，教师形象的变化一方面可以反映教师在教育教学、专业素质、个人魅力、思想价值等方面的变迁，另一方面也是对社会发展中经济特色、主流文化、生活环境变迁的侧

---

① 陈云奔，车筱萌．"教师形象"研究的若干问题［J］．教育评论，2010（3）：32 - 35.

② 卢旭．社会变迁中的教师形象［D］．华中师范大学 2006.

③ 林良章．教师形象刍议［J］．福建师大福清分校学报，1997（3）：65 - 69.

④ 王燕燕．我国教师形象研究的演变（1978—2010 年）［J］．内蒙古师范大学学报（教育科学版）2011，24（6）：12 - 14.

面反映。现代社会的教师形象，基本上也都是大众媒介呈现和建构的结果。

三、关于"教师媒介形象"的国内外研究现状

尽管国外学者对于教师形象的研究比国内学者起步早，但是2000年以来，国内学者在这一领域的研究创新并不比国外学者差，近年来中外学者共同推动着这一研究领域不断创新进步。

（一） 国外有关教师形象的研究

整体来说，国外学者对于教师形象的研究要远早于国内。笔者梳理国外相关文献，发现国外教师形象研究具有这样的变化过程：教师是什么样的？——学生心目中的教师形象——不同类型的教师形象在学生心目中是怎么样形成的？——大众心目中的教师是什么样的？——是什么因素影响和建构了教师在大众心目中的形象？

教师是什么样的？学生心目中的教师形象在很长时间内一直是他们的研究热点。他们通常具有很强的现实目的，通过大量问卷调查和内容分析相结合的方式，对学生心目中的教师形象进行分析，进而探讨教育和其他社会因素之间的关系。

1959年，Anderson等在《德国英国墨西哥美国等四个国家的青少年儿童的教师形象研究》中，通过对不同国家三千多名4到7年级学生中教师形象的调查，旨在揭示教育和跨文化差异之间的关系。

在理想的老师、高效的教师和典型的优秀教师之间的概念研究基础上，2013年，Charl C. Wolhuter指出，学生个人不同的学习纪律，

也是教师不同形象产生的一个重要因素。

2017 年 Chang – Kredl, Sandra 等学者在社交媒体 Reddit 上, 整理和分析被调查者对自己最好和最糟糕的老师的记忆, 发表了研究报告《在社交媒体 Reddit 上构建的老师形象: 最好的和最差的老师》。

(二) 国内教师形象的研究综述

1. 研究群体的差别性

鉴于国内教育发展的特点, 国内学者对教师中特殊群体的形象研究是一大亮点。乡村教师、幼儿教师、体育教师等作为教育中最常见的热点群体, 对他们形象的研究对于促进我国教育事业的均衡发展非常必要。

比如, 中央民族大学鲍坤子教授 2013 发表的《改革开放以来〈人民日报〉对乡村教师形象建构的研究》, 运用内容分析等研究方法, 选取《人民日报》改革开放以来对乡村教师的报道, 分析其报道基调、报道框架及媒体议题, 以期完善乡村教师的报道框架, 呈现更为真实的乡村教师形象, 更好地认识这一群体。

幼儿教育话题日益增多, 越来越受到社会和家长重视, 也使得幼儿教师形象的相关研究热度增加, 备受关注。① 赫艳通过媒体对幼儿教师的相关报道分析, 对幼儿教师的专业形象和大众形象进行了阐释。

高宏全针对"你的数学是体育老师教的"这种语句现象, 运用框架理论对体育教师媒介形象建构进行了解读, 并对体育教师的负面形

---

① 赫艳. 从大众媒体看幼儿教师形象 [J]. 中国培训, 2015 (18): 103 – 104.

象呈现提供建议和对策。①

随着各大高校教授负面信息的各种曝光，也有学者把高校教师形象作为一个研究重点。例如，赵晓静在《基于新闻媒体报道视角下的高校教师形象及改善研究》一文中提出，新媒体时代舆论环境的变化，给高校教师媒介形象带来了很大的冲击，在影响教师群体自我认知效果的同时，也对我国教育现代化的长远发展具有重要的作用。她从《人民日报》《中国教育报》《南方都市报》三年的数据分析新闻媒体关于高校教师形象的报道，并对高校教师形象的改善提出不同角度的策略。②

2. 呈现多种研究方法

内容分析法是国内学者在教师形象研究中最常见的方法。也有学者把理论思辨的研究、叙事研究、问卷调查研究归结为我国教师形象研究的主要方法。

理论思辨研究是目前教师形象领域占比量最大的研究。这类研究的主体主要是教育理论研究工作者。通常的思路是，研究者在某一学科的理论支撑之上，对教师形象进行多角度多层面的研究分析，继而有针对性地对教师媒介形象的塑造提出一系列意见和要求。当然，理论思辨研究也会对教师形象作隐喻性描述。如对人类灵魂的工程师、园丁、春蚕、蜡烛、导航者等进行分析和评价，结合时代要求提出多种类型的教师形象，如知识型教师、创新型教师、奉献型教师、学习型教师等。对比来看，叙事研究的主体大都为工作在教育实践一线的

---

① 高宏全. 框架理论视角下的体育教师媒介形象建构［J］. 广州体育学院学报，2016，36（4）：8 – 11.

② 赵晓静. 基于新闻媒体报道视角下的高校教师形象及改善研究［D］. 河南师范大学，2016.

教师。他们在亲身经历、体验教师教育教学工作的基础上，对教师形象进行深刻阐述。这类研究主要是对"优秀的教师形象是什么样"的描述，并且从教师的知识、道德、人格和仪表四个方面加以阐释。问卷调查研究主要是针对学生、家长和教师心中理想的教师形象进行调查。调查显示，教师的人格和道德形象始终是公众关注的焦点。①

本研究主要采用理论思辨研究对教师媒介形象的建构和历史变迁进行分析。这里的叙事研究方法其实也类同于我们常说的内容分析，具体操作在于对媒体报道或者其他资料等内容进行整合解释。

四、研究设计

（一）研究对象与研究问题

1946—2018 年间，《人民日报》中的有关教师报道是本研究的重点。希望通过对样本中的报道形式、报道议题、关键词的分析，对教师媒介形象建构有更深的了解和认识，进而为《人民日报》教师媒介形象建构提供相关意见和建议。

本研究以《人民日报》数据库作为研究对象，选择通过《人民日报》研究人民教师的媒介形象，原因有三：第一，《人民日报》作为中共中央机关报，党和人民的喉舌，报道视野更加宏观，同时公信力强、权威性高；第二，《人民日报》创办较早，较为完整地收录了不同历史时期有关教师教育的相关报道，覆盖面广，样本量大。第三，

---

① 陈云奔，车筱萌."教师形象"研究的若干问题［J］. 教育评论，2010（3）：32 - 35.

《人民日报》数据库中数据保存和录入比较完整，便于样本研究。

本研究通过分析《人民日报》中关于教师形象的相关报道，了解教师形象的建构与变迁，从而探讨《人民日报》对教师形象是如何建构的。在此基础上，本研究试图回答如下几个问题：

第一，《人民日报》如何建构教师媒介形象？

第二，《人民日报》建构了怎样的教师媒介形象？

第三，《人民日报》教师媒介形象建构的特点有哪些？

（二）研究方法

本研究主要采用质化研究与量化分析相结合的方法，内容分析法是本研究的主要方法。研究工具主要使用 NVIVO、八爪鱼、EXCEL 等。

本研究利用《人民日报》数据库"人民数据"，先将其正文中出现"教师"的文章抽选出来。在此基础上，再将其中围绕教师的学习、生活、工作、评价、会议、政策文件等内容筛选出来，作为研究对象的样本总量。之后利用随机等距抽样方法抽取样本，从而研究《人民日报》中关于教师形象的建构和变迁。对于新浪新闻微博账号中的数据，由于样本数据量小，而且时间跨度较短，所以全部进行了量化分析。

（三）样本选择

在选择《人民日报》数据库的样本时，本研究采用了随机等距抽样，在具体抽样过程中，分三步进行。

第一步：查询相关文章，挖掘研究数据。本研究以"教师""老

师"为关键词,在新版"人民日报图文数据库"中搜索正文中出现
"教师"字样的新闻报道。搜索时间跨度为 1945 年 6 月 1 日—2018 年
6 月 1 日。作者利用"八爪鱼"数据挖掘软件,对《人民日报》图文
数据库相关报道的标题、刊发时间、刊发版面、摘要、关键词等进行
数据挖掘,汇总在 Excel 表格当中。

第二步:筛选有效数据,删除无效文章。由于版面设计问题,
《人民日报》中时常会出现同一篇文章在多版刊登的情况,从而导致
同一文章在数据库中出现多次,此类情况作者在统计时算为一篇文
章。此外,凡是不属于教师的学习、生活、工作、评价、会议、政策
文件等范畴的新闻报道,一律删掉,最后得到有效报道 6619 篇,作为
样本总量。

第三步:制定抽样规则,进行数据抽样。本研究采用随机等
距抽样的方法,首先将 6619 篇有效数据进行编号,编号时采用日
期正排序。即将 1946 年 6 月的数据编为 1,2018 年时间段内最新
报道的编号为 6619。编号结束以后,利用 Excel 中的等距抽样工
具,计划抽取 661 个样本,等距抽样的间距为 10,即每隔 10 个号
码抽取 1 个。

(四)类目建构

本研究共设置了以下基本类目对《人民日报》和新浪微博中的教
师形象进行内容分析。

1. 样本结构:对样本数据分布的时间等频数分析。

2. 报道标题:对样本数据的标题进行词频分析。

3. 报道体裁:媒体在报道时选择何种报道题材,客观上反映了媒

体在报道时所选择的报道框架。其中报道题材包括消息、通讯、人物特稿、评论、来信等。有关教师的回忆性散文、教师工作的会议纪要、国家领导人有关教师教育工作的谈话摘要及全文报告等，均计入"其他"体裁分类中。

第一章 《人民日报》教师媒介形象的建构分析

一、样本数量中感知教师形象的媒介建构

研究《人民日报》中有关"教师"报道数量的历史变化，能够直观地反映在不同历史阶段，国家和社会层面等对于教师的重视程度和关注的角度。本研究将661条教师的样本数据分别按照年份和月份进行了频数统计。其中，按年份统计是从1946年开始至2018年6月份结束，共统计了样本数据中73年来对于教师报道的数量变化（见图1）；按月份统计则是按一年12个月，统计了有关教师的报道在每个月的数量分布（见图2）。

该图为1946—2018年间，教师报道数量随着时间变化而呈现出的变迁。由图可知，在1946—2018年间，随着时间的增加，教师相关报道的数量也在增加，整体呈现增长的趋势。其中，1985年是73年来报道教师的绝对高峰期。原因在于，1985年是我国建立教师节的第一年，国家和社会层面对于教师的重视和关注集中凸显。

对于73年间的教师报道数量，时间段层面的划分以10年为一个

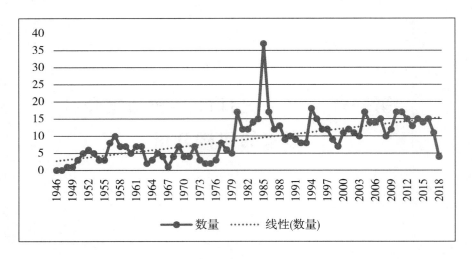

图1　《人民日报》中有关教师报道的样本频数变化（年份）

分析阶段。从 1946 年 6 月开始，分别是 1946—1955，1956—1965，1966—1975，1976—1985，1986—1995，1996—2005，2006—2015，2016—2018。见图 1、表 1：

表1　《人民日报》中有关教师报道的样本频数每隔十年的变化

时间段	1946—1955	1956—1965	1966—1975	1976—1985	1986—1995	1996—2005	2006—2015	2016—2018
样本数量	27	61	38	129	119	115	142	30

　　分析图表可知，在 1946—1955 的十年间，由于处于国家建立初期，有关教师的报道数量比较少，而在 1956—1965 的十年间，随着国家的发展，对于教师的报道也在大幅增长，国家对于教师教育的重视程度比较明显。1966—1975 的十年期间，"文革"对于国家教育的发展有着直观的负面影响，有关教师报道的数量减少至建国初期。从 1976 年开始，教师报道的整体数量大幅提升，并一直保持稳定的趋

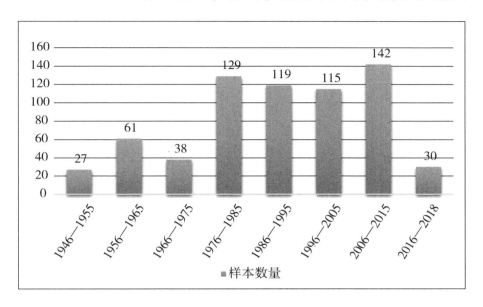

图 2 《人民日报》中有关教师报道的样本在不同时间段的分布

势。这表明，我国的教育在 1976 年之后尤其是改革开放之后开始逐渐恢复正常，并步入快速发展的轨道。

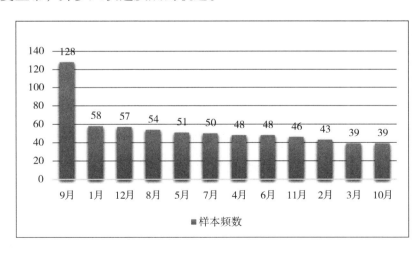

图 3 在不同月份，《人民日报》中教师报道的数量分布不同

　　由图3可知，教师报道数量在不同月份呈现明显差异。其中，9月份是教师报道的高峰期，对于教师的报道最为集中，样本数量为128。1月、12月其次，但是数量远远少于9月份，分别是58、57。3月和10月是教师报道的样本数量相对最少的两个月份。分析原因在于，9月份是每年的开学季，且每年一次的教师节活动也在该月份，因此媒体在该月份对教师群体以及他们的相关活动更为关注。整体看来，9月份之外的其他月份中，有关教师报道的数量差距不大。

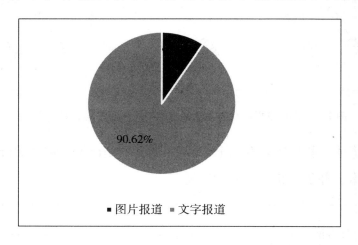

图4　《人民日报》样本中的报道形式

　　图4是对《人民日报》中有关教师报道的形式的呈现。可以看出，《人民日报》在对教师形象的塑造中，主要以文字报道为主，以图片报道作为补充。在整个教师报道样本中，图片报道占比为9.38%，接近十分之一，共62篇，文字报道有599篇。由此可以看出，《人民日报》在对教师有关话题进行报道时，不仅通过文字语言来宣传，而且力图从视觉层面上，让受众对于教师形象有更加直观清晰的了解和认知，让教师形象也有更强的立体感和感染力。

二、报道标题中体会教师形象的媒介建构

标题对于新闻报道的主旨往往有着点明文章中心思想、交代文章写作情感等提纲挈领的作用。基于此，对于样本中文字报道的分析，首先从标题词频的变化进行，可透过样本标题频数看教师形象的时代主题变迁。

本研究对 1946—2018 年共 661 条有关教师报道的样本数据的标题进行词频分析。首先，将 661 条样本数据按年份进行分组，每 10 年一组，得出第一组为 1946—1955 年的数据，第二组为 1956—1965 年的数据，第三组为 1966—1975 年的数据，以此类推，最后一组为 2016—2018 年共 3 年的数据，相比其他 10 年的数据整体偏小。经过词频分析，在每个时间段内剔除"教师""老师""教育"等意义重复的词汇后，提取出每个时间段词频和权重较高的词语，作为本时段的关键词，结果如下：

表2 1946—2018 年教师有关报道的标题样本数据高频词汇

时间段	1946—1955	1956—1965	1966—1975	1976—1985	1986—1995	1996—2005	2006—2015	2016—2018
关键词	学习 改造 思想	人民 培养 学生	小学 公办 下放	知识分子 尊重 人民	优秀 青年 培训	师德 高校 住宅 工资	乡村 孩子 高校 人民	孩子 校长 科研

通过阅读每个时段关键词在具体标题中的含义，并结合报道的语境，我们发现，教师形象建构与时代主题的变化紧密相关，也是教师地位时代变化的历史缩影。可以肯定的是，《人民日报》在教师形象

建构期间也经历过曲折，教师地位和形象出现过严重贬损。本研究将以上不同历史时期关于教师报道的关键词分为六大阶段。

第一阶段（1946—1965）：人民教师，关键词为改造、思想、知识分子。这一时段属于解放战争时期和新中国成立初期，在这个阶段，改造知识分子的思想，使其成为为广大无产阶级人民群众服务的教师，是教师形象建构的重点和核心。此阶段《人民日报》关于教师的报道多反映对知识分子的思想改造学习运动，如《中共中原局发布指示　争取团结改造培养知识分子》《南开大学学生热烈欢迎教师改造思想》《在反贪污、反浪费、反官僚主义运动中　认真开展教师思想改造的学习运动》《加速培养又红又专的教师》《人民需要教师　教师无上光荣》《教育者必先受教育——访天津感光胶片厂的几位半工半教的教师》等。

第二阶段（1966—1975）：工农教师，关键词为小学、公办、贫下中农。"文革"期间，教师的威信降低，地位下降，尤其是教师的实践能力受到极大的否定。多数知识分子被称为"臭老九"，到农村接受贫下中农再教育。另一方面，贫下中农也登上讲台，讲授实践技能。如《教学改革的关键是：清除教师头脑中的资产阶级教育思想》《建立一支革命化的教师队伍》《关于公办小学下放到大队来办的讨论　用毛泽东思想培养教师队伍》《无产阶级教师队伍的一支生力军　工农兵教师是一支最有生气的革命力量》《民办教师要参加生产劳动》《认真做好对教师的再教育工作》。

第三阶段（1976—1985）：人民教师的知识分子身份"回归"，关键词为知识分子、尊师重教、人民。"文革"之后，国家教育逐渐恢复，大力发展经济，创新科技成为社会的主要任务。基于此，教师的地位再次得到肯定和认同，尊师重教成为我国步入现代化的一个关键性口号，争做光荣的人民教师成为社会倡导的主流。如《是脑力劳动者，还是"臭老九"?》《落实党的知识分子政策要抓紧抓细》《学校党委要善于依靠专家教授》《都要尊敬人民教师》《重视科教事业尊重教师科学家》《采取措施改善教师工作生活条件》《开展多种形式的尊师重教活动（人民教师　无尚光荣）》。

第四阶段（1986—1995）：社会地位提升，关键词为优秀、青年、培训、农村。这一时期仍然是尊师重教的发展期，重点是培养青年教师，培训农村教师，稳定和优化师资队伍。政府和社会通过对优秀教师进行表彰，培养青年教师，来进一步稳定教师队伍，提升师资质量，尤其是对农村教师大范围开展的培训，在优化了师资队伍的同时，也体现了国家对于教育均衡的关注和侧重。1994年1月1日，我国实施《中华人民共和国教师法》，明确规定教师是履行教育教学职责的专业人员，承担教书育人、培养社会主义事业建设者和接班人、提高民族素质的使命。教师应当忠诚于人民的教育事业。1995年，我国又建立了教师资格证书制度。这些都为提高教师专业化程度提供了保障。教师法定的专业地位提升了教师的社会地位。这一阶段《人民日报》的相关报道侧重教师社会地位的提升，关注教师待遇的提高和基本生活保障的落实。如《从民办教师中选招二十万公办教师》《上海一批中青年教授脱颖而出》《江阴为农村培训音乐教师》《我国今年表彰十万教师》《稳定农村中学教师　防止大量外流改行》《重教必先尊师》《雷洁琼会见优秀教师代表》《北京高校教师住宅小区奠基》《把教师住房作为突出问题加以解决》等。

第五阶段（1996—2005）：强化教师专业地位，关键词为尊重教师、师德、住宅。这一时期，随着尊师重教氛围在社会上的普及，教师专业化也在不断发展和强化，教师的地位也在逐步得到社会的充分认可。2001年，《国务院关于基础教育改革与发展的决定》中第一次以"教师教育"代替了"师范教育"这一概念。变化的背后不仅仅体现着尊师重教的理念，更有我国教育事业在新的历史时期深化变革的决心和信心。"教师教育"相对于"师范教育"来说，具有专业性、开放性、多元性和终身性的特征，这也是从"师范教育"向"教师教育"转向的必然趋势。这一阶段的《人民日报》强调教师师德和素质教育，并继续关注教师待遇的提高。如《讲政治铸师魂　靠管理严师德》《教师，你适应素质教育的要求么》《改进和完善教师奖励制度》《教师理当文明施教　体罚学生法律不容》《晋中解决农村教师工资拖欠问题》《五莲教师享受"科研津贴"》。

第六阶段（2006—　）：教师形象的崇高化，关键词为孩子、科研、乡村。这一阶段尊师重教进一步发展，教师形象被不断崇高化，教师被视为人类文明的传承者、社会上最受尊敬的职业、人类灵魂工程师。2014年9月9日，习近平总书记在同北京师范大学师生代表座谈时强调："全国广大教师要做有理想信念、有道德情操、有扎实知识、有仁爱之心的好老师，为发展具有中国特色、世界水平的现代教育，培养社会主义事业建设者和接班人作出更大贡献。"2016年9月9日，习近平总书记在视察北京八中时强调："教师要做四个引路人，即做学生锤炼品格的引路人，做学生学习知识的引路人，做学生创新思维的引路人，做学生奉献祖国的引路人。"这一时期，教育质量和公平问题得到社会广泛关注，教育发展的地区不均衡日益明显，关注乡村教师，重视乡村教育，成为这一时期国家教育改革发展的重点。

《人民日报》对于乡村师生的报道也不断增加。这一时期，其对高校科研、学术重视和关注的同时，高校教师的师德师风也成为其关注的侧重点。

关于样本标题的文本分析，在不同阶段的词频之外，对于整个历史时期的词频分析同样非常重要。如果说，不同时间段划分中，教师报道标题的词频变化呈现了教师形象历史变迁的一部分，那么，整个样本标题词频的结果则体现出，在1946—2018年间，"人民"是教师形象报道中的核心主题。

本研究通过对样本中教师报道标题的整体词频变化进行分析，得出前三个高频词分别是：教育、教学、人民。"人民"是贯穿整个教师报道的核心关键词。其中，"人民"的参考点显示有"为人民教育事业热诚服务""培养百万人民教师""可敬的人民教师""人民需要教师　教师无上光荣""人民教师"等。结合不同阶段教师报道中关键词频的变化可知，"人民教师"始终是我国教师形象建构中不变的核心词。这是由我国社会主义教育事业的本质属性决定的。人民教师突出了教师的政治属性和阶层属性，即教师来自人民，始终为人民服务，始终立德树人，教书育人，为中国特色社会主义事业培养建设者和接班人。

三、样本体裁中了解教师形象的媒介建构

本研究样本体裁主要分为六类：消息、通讯、人物特稿、评论、来信、其他。

消息主要是指短小精悍的新闻报道，通常时效性比较强，具有及

时告知的功能。如《北京一部分高等学校教师 准备参加国家博士、副博士学位考试》《安庆选拔中青年教师担任学校领导》。需要说明的是，由于图片报道多为一句话新闻，所以本研究将 62 篇图片报道均划分在消息体裁中。

通讯相比消息则更加具体、生动、翔实，多数是对消息报道内容的补充。如《老园丁的乐园》详细讲述了退休教职工的住房安置问题，《看城乡教师如何换位思考》则对城乡教师轮岗活动进行了详细追踪。

人物通讯也被称作人物特稿，这里的体裁划分为之所以把人物特稿从通讯中单独拎出来，目的在于便于分析模范典型教师的媒介形象。人物特稿多是对单个教师形象的报道，如《王秀珍教书七年没有一个流生》《船头教师阎成米》《荒原上的园丁》等都是典型的宣传教师形象的人物特稿。

评论则指《人民日报》对有关教师议题的评论，如《教师受尊敬 四化有希望》《重教必先尊师》《守住"幼有所育"的底线（人民时评）》等，都是对于教育教学中出现的热点问题的评论。

来信是报纸发展史上与受众互动的重要渠道，多是将读者的来信在版面上公开刊登。主要是学校、教师或教育工作者的来信，或者是对教育教学教师群体发表的来信，如《我决意去当一个好教师》《山区要重视选拔和培养女教师》《教师节＝送礼节？（文化博客）》等。

其他则是指体裁不够明确，无法归入消息、评论等几个类别中的报道。如《楼梯》是对教师讴歌赞颂的诗歌，《忆我的老师（心香一瓣）》则是刊登在文艺副刊版面的回忆性散文。

从图 5 中可以看到，在 1946—2018 年整个历史时期，消息是首要

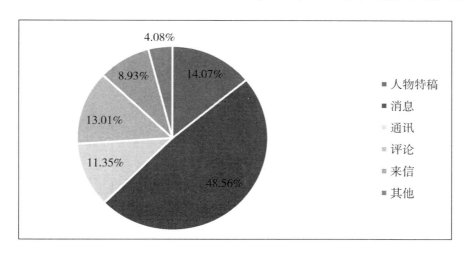

图 5　不同体裁在《人民日报》报道样本中的占比情况

的报道方式，占比为 48.56%，具体样本数量为 321（包含全部图片报道）；其次是人物特稿，占比为 14.07%，具体样本数量为 93；评论占比为 13.01%，具体样本数量为 86；通讯占比为 11.35%，具体样本数量为 75；来信占比为 8.93%，具体样本数量为 59；其他体裁的报道数量最少，占比为 4.08%，具体样本数量为 27。

　　从人物特稿在整体占比中排在第二位可以看出，《人民日报》作为国家媒体，把模范典型教师作为报道中的一大重点，媒介建构方面注重引导整个社会对于符合人民需要的教师的认识和尊重，以及培养有益于社会发展的教师群体。而评论数量同样不少则说明，《人民日报》作为首家党媒对教师形象进行直接评判，以便于形成好教师的标准，对教师形象塑造进行价值层面和思想层面的引领。

　　结合表 2 和图 6 数据可以看出，在 1946—2018 年间，《人民日报》在六大类报道体裁的侧重方面一直处于变化状态，在不同时间段变化趋势也不尽相同。在 1956—1965 年之前，各类报道体裁都呈现出上升

表2　不同时间段，《人民日报》教师报道体裁分布情况

时间段 \ 体裁	消息		人物特稿		通讯		评论		来信		其他	
	篇数	占比	篇数	占比	篇数	占比	篇数	占比	篇数	占比	篇数	占比
1946—1955	15	4.67%	0	0.00%	0	0.00%	3	3.49%	9	15.25%	0	0.00%
1956—1965	16	4.98%	6	6.45%	20	26.67%	7	8.14%	11	18.64%	1	3.70%
1966—1975	2	0.62%	2	2.15%	9	12.00%	15	17.44%	7	11.86%	3	11.11%
1976—1985	77	23.99%	18	19.35%	9	12.00%	15	17.44%	9	15.25%	1	3.70%
1986—1995	81	25.23%	10	10.75%	9	12.00%	5	5.81%	12	20.34%	2	7.41%
1996—2005	67	20.87%	13	13.98%	10	13.33%	13	15.12%	7	11.86%	5	18.52%
2006—2015	54	16.82%	35	37.63%	16	21.33%	20	23.26%	4	6.78%	13	48.15%
2016—2018	9	2.80%	9	9.68%	2	2.67%	8	9.30%	0	0.00%	2	7.41%

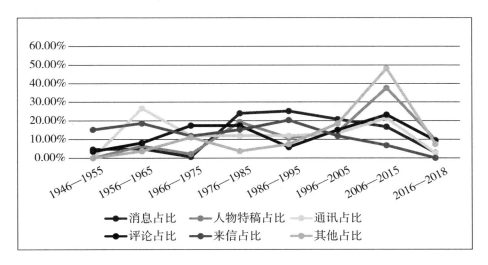

图6　不同时间段,《人民日报》教师报道体裁分布

态势,其中通讯占比在 1956—1965 年十年间高于其他体裁占比,为
26.67%。这与新中国建设初期整个社会热情高涨、文化教育蒸蒸日上
的社会现实不可分割。

接下来的十年间,除去评论和其他体裁,消息、通讯、人物特稿、
来信占比都呈现下降趋势。可以看到这十年正好是我国"文革"期
间,教育教学活动受到了严重的破坏和影响,有关教师的报道当然也
随之波动。而这一时期呈现上升态势的评论也有强烈的时代印记,如
新闻报道《永远做贫下中农的小学　生关于公办小学下放到大队来办
的讨论 贫下中农有信心有能力管好学校》《打倒资产阶级学阀统
治》等。

"文革"之后,1976—1985 年间,消息、通讯、人物特稿、评论、
来信的有关报道再次恢复,呈现整体上升态势,其他体裁报道减少,
说明新的时期《人民日报》有关教师报道的专业性更强,体裁分类更
加明晰。

　　1986—1995 年期间，各大体裁的报道趋势又呈现出不同。人物特稿和评论占比下降，消息和来信占比有小幅提升。在这期间，消息仍然和1976—1985 年间一样，在各大类体裁中拥有最高占比。也是在这一时期，消息报道百分比达到历史最高值25.23%。在 1976—2005 年的 30 年间，消息一直是《人民日报》教师报道中最常用的体裁，占比长期高于其他各类体裁（见图6）。通讯报道占比从 1966 年开始，整体处于上升趋势，到2015 年占比最高为21.33%。

　　2006—2015 年间，各种类型的新闻报道再次出现了大发展的趋势。人物特稿、其他、通讯、评论占比均创下历史新高，分别为37.63%、48.15%、21.33%和23.26%。值得注意的是，其他体裁的占比在这一新时期最高。这从某种角度说明，《人民日报》在吸引读者方面不断创新体裁形式，丰富新闻报道的内容。

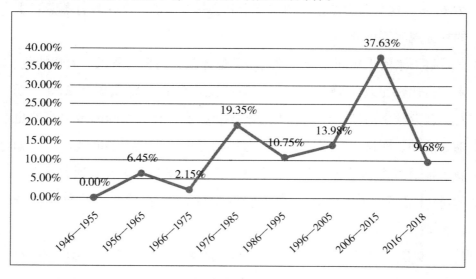

图7　《人民日报》在不同历史阶段有关教师人物特稿的报道情况

　　图7是《人民日报》在不同历史阶段有关教师人物特稿的报道情况。单拎出来，是因为明显可以看出，人物特稿占比在整个历史时期具有明显波动，呈现出三个峰值。第一次峰值是在1956—1965年间，占比达到6.45%；第二次峰值是在1976—1985年间，占比达到19.35%；第三次峰值是在2006—2015年间，占比达到37.63%。整体来看，仍然属于上升态势。这从侧面说明，《人民日报》在教师形象的宣传中，不断通过树立典型人物的方式来建构教师形象。

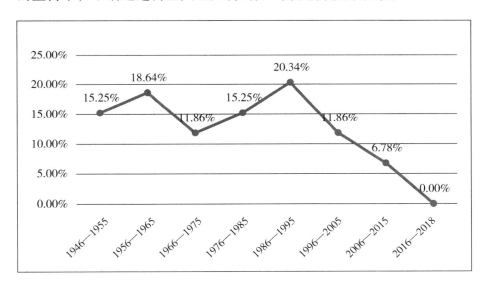

图8　《人民日报》在不同历史阶段有关教师报道的来信占比情况

　　从来信整体占比的不断减少可以看出，《人民日报》作为我国首家纸媒，起初一直重视与报纸的受众进行互动，了解群众的心意，倾听和展现大众的呼声。1950年3月《人民日报》开辟"读者来信"，成为《人民日报》与读者之间的"直通车"。而随着网络新媒体的冲击，《人民日报》的受众群体有所转移，报纸不再是与受众互动交流的主要平台。

四、议题设置中认识教师形象的媒介建构

本研究在具体文本分析的基础上，从 661 篇样本中划分出以下 23 个报道议题：教师住房，教师工资，教师权益，教师纪念，教师思想，教师奖励、表彰与慰问，教师支教，中青年教师，师德师风，科研成果，师资力量，教学改革，教师培训，工农再教育，尊师重教，教师职责，教师政策、法规与指示，教师编制，革命教师，教师花絮，生产教学，教师健康，教师权益。在对 1946—2018 年间所有议题进行统计后，议题设置分布如表 3。

表 3   《人民日报》样本中教师议题数量分布

议题属性	师德师风	教师奖励、表彰与慰问	教师思想	教师政策、法规与指示	教学改革	教师权益
样本数量	284	57	37	35	34	26
议题属性	师资力量	教师住房	教师培训	尊师重教	工农再教育	中青年教师
样本数量	24	23	20	19	19	13
议题属性	师范教育	教师工资	教师支教	教师编制	科研成果	生产教学
样本数量	10	9	8	8	7	6
议题属性	教师纪念	教师职责	教师健康	教师花絮	革命教师	
样本数量	6	5	4	4	3	

从表 3 可以看出，师德师风议题在所有报道中占据首要位置。主要包括有关模范教师的报道、教师为人师表的品质、道德要求等。其中不仅有正面的表现，如安贫乐教、甘于奉献、严于律己、孜孜以求等，也包括学术不端、殴打辱骂学生等负面形象。当然在《人民日

报》有关师德师风的报道中，以正面形象为主。如《老教授何定杰》《教学四十年——记丘宗岳教授诲人不倦的事迹》《他们为培养一代新人在辛勤劳动》《吴良镛：不负凌云万丈才（足音）》《茉莉花开（张丽莉同志先进事迹报告会发言摘编）》等，主要是以模范教师的教学工作经历，来展现人民教师的优秀职业道德和高尚的为师品格。也有《教师要做学生的表率》《中小学教师职业道德要求》《为人师者当自重》《讲政治铸师魂　靠管理严师德》《对学术不端行为"零容忍"》等报道，通过评论或者政策公告等形式，对教师的师德师风提出要求。

其次，教师政策、法规与指示是报道中的重要议题，样本数高达35。它与教师职责的区别在于，前者是国家或者政府各级层面对教师教育做出的规定或者要求，而后者是个人或者社会层面对教师教育的观点评论等。有关教师政策、法规与指示的报道如《实事求是落实党的知识分子政策》《采取措施改善教师工作生活条件》《改进和完善教师奖励制度》《我国将全面实施教师资格制度》《全面贯彻落实党的教育方针 努力把我国基础教育越办越好》等。教师职责议题中只有5个样本，相对较少，如《鼓励教师到教学第一线讲课》《大学的课堂与教师的使命》等。

第三，尊师重教议题，主要是指以"尊师重教"为明确核心观点展开报道的文章，这和提供教师住房、补发教师工资、会见表彰优秀教师等侧面反映的"尊师重教"有着明显不同。如《重视科教事业尊重教师科学家》《开展多种形式的尊师重教活动（人民教师　无尚光荣）》《让尊师重教成为社会风尚》。当然国家领导人以"尊师重教"为主题的讲话也划分在这一类议题中，比如《教师肩负着光荣的历史重任——李先念给全国教师写信祝贺教师节》中提到"教师工作应该成为社会上最受人尊敬和最值得羡慕的职业之一"。

第四，教师权益议题，主要指报道中有关教师的诉求、心声或者遭遇到的不公正待遇等。如《湖南湘乡一起殴打教师案结案》《倾听乡村教师的心愿（教育视界)》《教师也希望宽松的环境》。这类议题主要反映了社会生活中教师权益的亟待保护、教师对工作生活的急切要求等。

有着教师工资的报道，如《甘肃清理拖欠教师工资》《700多名教师领不到工资》《广西为5万乡村教师发补助》《贵州中小学教师基本工资无拖欠》等，这些报道多集中于教师群体工资拖欠和领取方面，和教师权益议题有区别。

革命教师是在特定历史时期出现的一类教师报道，数量不多。如1950年刊发的《沪大学教师三千人示威 决心保卫世界和平制止美帝侵略 以爱国的实际行动回击美帝侮辱》，就是特殊时期有关教师活动的报道。

生产教学议题的相关报道，如1958年的《教育必须结合生产》，1965年的《教育者必先受教育——访天津感光胶片厂的几位半工半教的教师》，这些报道对教师提出了教学结合生产、结合实际的要求。

工农再教育议题，主要是教师必须接受贫下中农、工人等再次教育，教师下放到农村学习的相关报道，比如《贫下中农登上讲台学校面貌焕然一新》《永远做贫下中农的小学生关于公办小学下放到大队来办的讨论》《认真做好对教师的再教育工作》《虚心接受工农群众的再教育》《陕甘农村办起大批五·七学校》等。这些报道主要出现在1965—1976年间。

教师职责即对教师应该承担的职责方面的新闻报道，如《鼓励教师到教学第一线讲课》《久违了，上门家访》《大学的课堂与教师的使命》等。

有关教师住房的代表文章有《体现党对知识分子的关怀　北京钢院积极调整解决教师住房》《缓盖干部楼　先建教师房》《四川成都农村教师告别"蜗居"》等，主要是对教师群体有关住房保障的相关报道。

教师纪念的相关报道如《香港文教界人士在蔡元培先生墓前献花》《北京四中为特级教师立铜像》等，数量不多且基本以消息的体裁形式出现，多是对一些知名学者的回忆性、纪念性的报道。

有关教师健康的代表文章有《教师健康值得关注》《肇州为教师开办疾病住院医疗保险》《高校校长以球会友倡导健身》，数量较少，是有关教师医疗健康方面的报道。

教师思想是针对教师的思想层面，尤其是阶级立场、党性原则等方面的报道，如《积极发展符合条件的知识分子入党》《在反贪污、反浪费、反官僚主义运动中　认真开展教师思想改造的学习运动》《教学改革的关键是：清除教师头脑中的资产阶级教育思想》等。

科研成果的相关报道如《复旦大学科学研究取得可喜成果》《刘惕若苦心科研为国家创造千万元效益》《洛阳师专美术教师画展在京举行》等，是对教师专业性和科研成果的报道。

师资力量如《自力更生培养业余教师》《山区要重视选拔和培养女教师》《三万"特岗"教师今秋上岗》《农村娃"名师"教（全面深化改革进行时）》等，是对师资力量配置等方面的报道。

教学改革是针对教育教学中出现的问题进行的相关报道，代表新闻如《不要把"合理使用专门技术人才"的精神领会错了》《北京师范大学改了些什么》《采取积极有效措施，提高教师教学质量》《课程设置不可随意化》等。

教师培训的相关报道如《南通地区培训中小学教师》《优秀教师夏令营在京开营》《101 名内蒙古乡村教师沪上参加体验式培训》等，主要是对教师业务培训的相关报道。

教师花絮主要是指教师工作之外的一些私人生活报道，如文字报道中的《三十八年后的婚纱照》，讲述了一对恩爱老教师结婚多年后补拍婚纱照的浪漫故事，图片报道中如教师摄影作品展、教师书法比赛等。

教师支教议题是在 20 世纪 80 年代后开始出现的，代表报道有《鼓励科技干部和教师支援新疆》《陕西抽调骨干教师到靖边任教》《北京师范大学发出倡议组建教师志愿服务联盟》等，是对教师支教活动的新闻报道。

有关教师编制的代表新闻有《从民办教师中选招二十万公办教师》《万名教师不再本单位独有》《河北要求各地不得截留教师编制》等，主要关注教师编制方面的问题。

中青年教师作为教育的骨干力量，一直得到国家的重视和鼓励，这里作为议题，主要包含了《人民日报》中围绕中青年教师的科研、职称等做出的报道，体现了国家对青年知识分子的看重。如《希望党组织更多地关心中青年知识分子（纪念中国共产党成立 60 周年）》《安庆选拔中青年教师担任学校领导》《我国高等院校一批青年教师获得霍英东教育基金会奖励》《中青年教师成为高校主力军》《5 年时间成长为北京大学最年轻的教授之一，北大化学生物学系教授陈鹏》等。

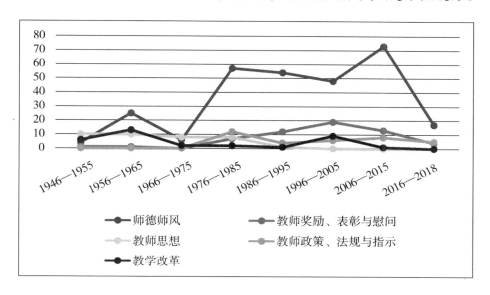

图9　不同时间段，《人民日报》数量前五的教师议题分布情况

可以看出，师德师风议题在整个时间段处于整体上升的态势，尤其是在1975—1985年呈现飞速增长。同时我们也可以看到，教师奖励、表彰与慰问的议题在1976年开始出现，之后呈现直线增长趋势，并在1996—2005年间达到最高值19。教学改革议题在1956—1965年和1996—2005年出现得相对集中，样本数量分别为13篇和9篇。通过阅读1956—1965年的相关新闻报道，如《深入教学过程具体帮助教师　平度一中教学工作步步提高》《拼音字母和文化革命　黎锦熙代表的发言》《展开自由讨论　活跃学术气氛》等，本研究认为这一阶段的教学改革多集中在新中国教育普及和初步发展阶段，和社会背景相适应。阅读1996—2005年的新闻报道，如《采取积极有效措施，提高教师教学质量》《以教育创新推进教育改革和发展》《新课程培训网台开通》，本研究把这一阶段的教学改革侧重点集中在教育的提高和创新阶段，与我国教育事业和社会发展的水平相一致。

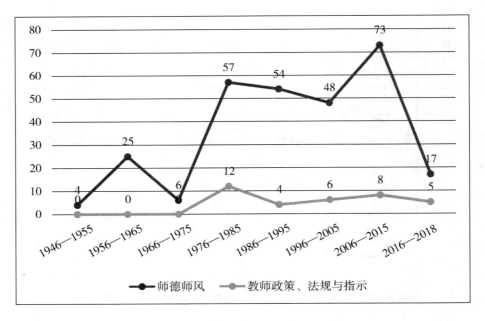

图 10 师德师风和教师政策、法规与指示趋势图

通过图 10 可以看出,师德师风和教师政策、法规与指示议题在整体趋势上具有极大的相似性。我们可以猜测,教师政策、法规与指示的出台,与师德师风中表现出的问题以及现象具有一定的相关性。

图 11 表明,《人民日报》对于教师思想的报道从 1946 年一直持续到 1995 年,但呈现整体下降的趋势,特别是在 1985 年之后急剧减少。这表明,随着社会的发展和形势的变化,对于教师群体的思想改造已经逐渐成为历史。

在对多个教师议题整体了解的基础上,本研究又按照每隔十年一个时间段的方式,对每个阶段的教师议题进行了数据梳理(见表 4)。

从表 4 可以看出,师德师风议题是《人民日报》多年来教师报道的重点,或者说《人民日报》注重通过对教师群体师德师风的报道来展现教师形象。我们也可以看到,在 1946—1955 年间,教师思想是

《人民日报》教师议题报道的重点。这和表 2 中呈现的关键词相一致。

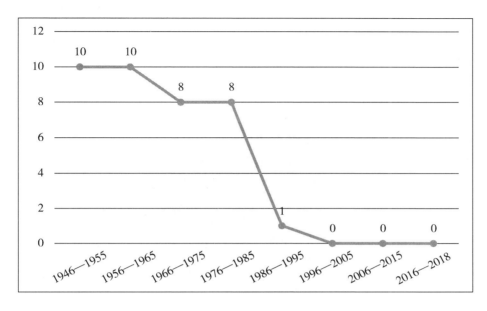

图 11　不同时间段，教师思想议题在《人民日报》中的分布情况

表 4　《人民日报》中不同时间段的首要教师议题统计表

时间段	1946—1955	1956—1965	1966—1975	1976—1985	1986—1995	1996—2005	2006—2015	2016—2018
首要议题	教师思想	师德师风	工农再教育	师德师风	师德师风	师德师风	师德师风	师德师风
数量	10	25	18	57	54	48	73	17

鉴于师德师风议题在《人民日报》教师媒介形象建构中的重要性，本研究进一步对整个历史时期的 284 篇有关师德师风的新闻报道进行梳理。

表5 《人民日报》师德师风议题报道中的体裁统计表

体裁	人物特稿	消息	通讯	评论	来信	其他
数量	92	95	32	28	20	17
占比	31.51%	32.53%	10.96%	9.59%	6.85%	5.82%

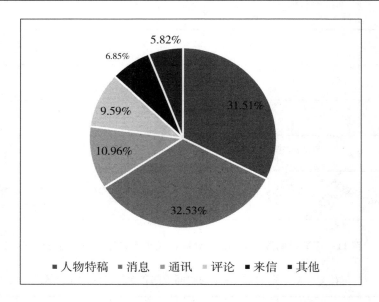

图12 《人民日报》师德师风议题报道中的体裁分布图

由图12可知，《人民日报》在教师形象的师德师风议题报道体裁中，消息占比最多，为32.53%，样本报道篇数为95。其次是人物特稿占比，为31.51%，样本报道篇数为92。通讯样本报道篇数为32，占比10.96%。评论样本报道篇数为28，占比9.59%。来信和其他体裁占比相对较少，分别为6.85%和5.82%。样本报道篇数分别为20和17。通过以上数据，我们可以看出《人民日报》在展现教师群体的师德师风方面，侧重于通过人物特稿形式，树立模范教师典型，从而建构出教师的媒介形象。当然，消息和通讯也是构建教师师德师风议题的主要报道体裁。

第二章 《人民日报》教师媒介形象的历史变迁

一、孺子牛：新中国教育的奠基者

新中国成立初期，全国教育事业也处在发展的初期。^① 这一时期，国家整体的教育水平不高，人民群众文化素养普遍低下，文盲占90%。与此同时，国家在教学经验、师资力量、教学设备等方面都存在极大欠缺。《中国人民政治协商会议共同纲领》有关文化教育政策明确规定：新中国的文化教育是"民族的、科学的、大众的文化教育"，"有计划有步骤地实行普及教育，加强中等教育和高等教育，注重技术教育，加强劳动者的业余教育和在职干部教育"。整体来看，这一时期教育事业的主要任务是改造旧有的教育体系，发展新的教育事业。理所当然，这一时期的教师群体也承担起了开创和奠基新中国教育事业的重任。

---

① 吴敏先，方海兴.论建国初期的工农教育［J］.当代中国史研究，1998（3）：62 – 67.

这一历史时期，《人民日报》报道的教师主要分为三类：第一类是打破封建枷锁、默默奉献教育的模范教师，尤其以小学教师为主；第二类是积极改造思想、服务工农教育的新型教师；第三类是努力探索教学改革的高等学校的知识分子。其中，改造思想，树立为人民服务的新型价值观的教师形象是报道的主流。从叫法上看，此阶段报道中的教师多被称为"人民教师""工农教师"。我们这里之所以把这一阶段的教师归纳为"孺子牛"，一方面是因为他们像"孺子牛"般为新中国教育事业不断努力，另一方面是因为他们对教学改革的平稳开展做出的重大贡献。

《模范教师孙阳春　改造私塾办法高　感动顽皮学生　说服守旧家长》，这是《人民日报》中最早关于教师的报道，发表于 1946 年 6 月份。文章讲述了新中国成立前解放区小学私塾教师打破封建教育思想，创办新式学堂的实践。《模范老教师杨景云》则报道了在旧中国有着三十多年教育工作经历的老教师杨景云，毫不推辞地接受群众的要求，为新中国教育服务，以极大热情投入冬学运动的奉献精神。类似的教师形象报道还有《模范教师王志亭》《扫除文盲的英雄任逢华》《人民教师周元》等。

1951 年《稳定和发展小学教育，培养百万人民教师》报道中，还对人民教师的职责标准做了描述："新中国的每个人民教师应当认真地学习马克思列宁主义，努力使自己成为一个马克思主义者。"可以看出，当时，"人民教师"蕴含着对教师的思想进行改造的要求。需要强调的是，这一称谓一直延续在之后的教师形象中，但其概念不断适应时代的变化，被赋予不同的内涵与价值要求。

在宣传积极改造思想、决心为工农教育服务的新型教师形象的过程中,《人民日报》一方面通过报道相关会议、文件学习等活动来展现,另一方面也通过刊登有关教师的文章来说明改造思想的必要性和紧迫性。《努力改造思想,做一个新中国的人民教师! 政治学习必须解决实际问题》是北京大学著名学者金克木教授的自我反思文章。他在文中讲到:"如果不在思想上翻个身,加入到革命队伍中来,不把自己完全交给国家,怎能亲切感觉到国家是自己的? 如果不坚决倒向工农兵一边,不坚决粉碎旧社会给我们的思想镣铐,而采取旁观革命的态度,怎能真正感觉到自己是人民的一分子? 在思想上翻身就是彻底改变立场,坚决站进工人的队伍,做工人阶级的知识分子,做人民的革命干部。"类似的报道还有《努力改造思想,做一个新中国的人民教师! 为改造自己更好地服务祖国而学习》《教师们应在学习中解决"为谁服务"的问题》《努力改造思想,为祖国建设服务》等。

为教育事业殚精竭虑、积极探索教学改革、钻研学术的专业教师形象也是《人民日报》这一时期报道的重点。《采用苏联教材的几点体会》是1953年西北农学院教务处对教学实践中采用苏联教材后刊发的集体意见。在当时国家大力引进甚至照搬照抄苏联教育模式的背景下,这些学者能够从实际出发,明确指出"不能急躁地把学习苏联当作突击任务去完成,而必须采取准备条件、稳步前进的方针,首先选择一门带有关键性的科学,进行全面、系统的学习,找出学习苏联的途径,然后再全面展开"。这篇报道在倾听学者心声、了解实际问题的同时,也很好地展示了知识分子群体实事求是的精神。《四十个夜晚——访问新写字法创造者之一的曾端仪》则报道了部队女教师曾端仪连续工作四十个夜晚,摸索创造出一种较有系统的新写字法并在全军推广的优秀事迹。

值得注意的是，在《人民日报》这一时期报道的教师中，也出现了乡村教师、扫盲教师的群体。这些教师多是出身农村，而后反哺农村教育，为农村地区的识字运动、扫盲运动、基础教育普及做出了重大贡献。《在山村里培育祖国的花朵》报道了22岁的女校长陈灿华多年来扎根山村担任民校识字班教师、小学教师的事迹。《大凉山上的文化播种人》讲述了一位名叫阿角的彝族姑娘来到大凉山创办民族小学，并且全身心关爱学生，在教学生读书识字的同时，还帮学生洗衣服、照顾生病学生。但是由于知识分子思想学习运动的展开，有关这些教师形象的报道在此阶段并不多见，未能占据该时期教师媒介形象的主流。

总体来看，"孺子牛"既代表了建国初期国家和社会对人民教师寄予的殷切期望，也代表了主流价值观对教师队伍思想上的严格要求，同时也代表了该时期教师群体用热情和青春投身新中国教育事业的实践和精神！

二、臭老九：再教育和思想改造对象

"臭老九"一词相传出现在元朝，当时外族统治者把社会各阶层分为十类，知识分子排行第九，而最末的第十是乞丐，因此知识分子有"老九"的称呼。"文革"时期，大批的知识分子被下放到农村、工矿进行劳动教育和思想改造，他们被称为"臭老九"。

《人民日报》作为中央媒体，在对教师的报道中直呼其为"臭老九"的情况鲜有出现，但是却报道了大量有关知识分子下乡改造的内容，在文章中多使用"资产阶级知识分子""资产阶级学阀""白专"

等词语，直接或者侧面地指向需要改造的"臭老九"群体。对教师的身心造成了伤害，严重阻碍了我国教育事业发展的进程。

三、人梯：教育现代化的奉献者

改革开放至今，春蚕、红烛、铺路石、园丁、人类灵魂工程师等作为教师的代名词被广泛应用。赞美之词如"春蚕到死丝方尽，蜡炬成灰泪始干"更是被口口相传。从这开始，我国教师群体的思想得到大解放，教育事业开始逐步走向正轨，并向教育现代化急速迈进。《人民日报》在这之后报道了大量模范典型教师，他们坚守教学阵地，默默奉献，用青春和热血谱写着一首首教育的赞歌。本研究在大量分析文章的基础上，把1976年之后被广泛宣传报道的教师形象统称为"人梯"，用来表示那些对待学生无私奉献，对待教学勤勤恳恳、一丝不苟的教师群体们。

《人民日报》在此后多年的报道中不仅有对教师群体师德师风的报道，还涉及关于教师住房、教师工资、民办教师编制等方面的问题。这些报道在赞美教师乐于奉献、科研创新的同时，也反映了教师在编制、工资、住房等方面所缺失的公平保障，进而展现了教师群体投身教育现代化、不计个人得失的奉献者形象。

这一时期涌现了大批典型人物特稿，如《马背教师》《王景旺抢救落井学生》《身残志坚的民办教师李永才》《乡村好教师宋乃平》《孩子是学习的主人——记特级教师斯霞》《播种知识的"工程师"》《科普园地的辛勤园丁王敬东》《生命的最后闪光》《邵惠卿单人执教二十二载　偏僻小乡村成为无文盲村》《一块闪光的铺路石》《云蒙深处的园丁》《教师陈礼勤勇斗歹徒堪为师表》《出色的人生答卷》《李国平 教学科研业绩突出》《光的追求》《孟二冬，你让我们感动》《张丽莉 我们牵挂你（身边的感动）》《心有大我，山一样的巍峨》等。这些报道中的人物有几十年如一日，扎根山村奉献青春的老教师，也有自愿赶赴边疆贫困地区支援教育事业的年轻老师；有甘于贫困却默默资助学生的乡村教师，也有身残志坚、坚守岗位的民办教师；有危难面前救起学生和他人的勇敢老师，更有助人为乐、痛失生命的感人教师。爱岗敬业、言传身教、一丝不苟、勤勤恳恳、甘于奉献、任劳任怨，太多的词语也展现不尽他们的高尚品德和师风正气！

为教师群体争取福利、维护教师切身权益、创造更好的教书育人环境的报道也在 20 世纪 80 年代开始大量出现。如《缓盖干部楼　先建教师房》《宁夏千余中小学教师喜迁新居》《甘肃清理拖欠教师工资》《安居乐教》《广西为 5 万乡村教师发补助》等。《人民日报》通过对教师生活细节的报道，让教师的形象更加立体和完整，也让人们更能理解教师工作的坚持和不易。

同时，在 20 世纪 80 年代，有关"红烛奖""园丁奖"的相关报道也大量出现。这些奖项设置的目的主要是对表现突出、具有特殊贡献和成就的优秀教师进行表彰和奖励，这是新的历史时期党和国家鼓励教师、尊师重教的具体体现。

这一时期，教师形象被赋予了高尚的道德情操和近乎完美的师德师风。正因为广大教师的付出和努力坚持，我国的教育水平得以不断提升，我国的教育事业得以快速发展！教师就像人梯，奉献自己，成就他人，是学生成长的铺路石、教育现代化的奉献者！

四、筑梦人:"梦之队"的引领者

"筑梦人"一词和新时代中华民族伟大复兴"中国梦"相适应,是在习近平新时代中国特色社会主义思想指导下对教师形象的时代定义。"筑梦人"形象有别于传统的奉献型教师形象,更注重师生之间的交互关系。习近平总书记指出,"今天的学生就是未来实现中华民族伟大复兴中国梦的主力军,广大教师就是打造这支中华民族'梦之队'的筑梦人"。"引路人"形象则是"筑梦人"形象在师生关系方面的具体体现和要求。

《人民日报》最早把教师称为"引路人"是在 2016 年,报道题目是《习近平在北京市八一学校考察时强调全面贯彻落实党的教育方针 努力把我国基础教育越办越好》。文中指出,广大教师要做学生锤炼品格的引路人,做学生学习知识的引路人,做学生创新思维的引路人,做学生奉献祖国的引路人。2017 年《人民日报》发表的时评《致敬!"梦之队"的筑梦人》中再次提到,今天的学生就是未来实现中华民族伟大复兴中国梦的主力军,而广大教师正是打造这支中华民族"梦之队"的筑梦人。同时用"老师是引路人,是燃灯者,是一个用知识、用品格改变个体命运,并在这样的改变中汇聚起时代季风的伟大群体"来强调新时期的尊师重教。《打造中华民族"梦之队"的筑梦人(砥砺奋进的五年)——党的十八大以来全面加强教师队伍建设综述》中再次指出,广大教师是打造这支中华民族"梦之队"的筑梦人。

尽管"筑梦人"这一教师形象提起的时间比较晚,但是它与目前我国"四有好老师"的师德要求相适应，与实现中华民族伟大复兴中国梦的时代使命相一致。"四有"好老师是从实现"两个一百年"和中华民族伟大复兴中国梦的战略高度，深刻阐释了"筑梦人"的基本素质和标准。"有理想信念"是对教师群体的党性要求，这体现了"筑梦人"的政治素养；"有道德情操"是对教师价值人品的素质要求，体现了"筑梦人"的道德品质标准；"有扎实学识"是对教师教育教学能力的要求，体现了"筑梦人"的专业能力标准；"有仁爱之心"是对教师教育理念的期待，体现了"筑梦人"的价值追求。总结来看，师德师风、专业水准、党性原则是新时代下合格"筑梦人"的核心要素。这是对教师职责、使命的新概括，是对教师形象的新表述，对于造就党和人民满意的高素质专业化创新型教师队伍具有重要推动作用。

第三章 《人民日报》教师媒介形象塑造的特点总结

一、尊师重教：教师形象报道的主旨

这里所说的尊师重教是广义的，可以作为一个国家教育战略去理解。不仅包括上述的"尊师重教"的议题设置，也包括国家立法等角度体现的国家教育政策。

整体来看，新中国成立至今，我们党和政府一直重视教育，尊重教师。特别是改革开放以来，知识分子的作用被充分肯定，全社会倡导尊师重教成了一种主流氛围。

需要强调的是，《人民日报》在整个尊师重教的大战略中，始终坚持自上而下的政府主导教师媒介形象的构建路径。教师奖励、表彰与慰问与教师政策、法规与政策指令，这两个方面也是《人民日报》中对教师形象报道的重要议题。教师奖励、表彰与慰问的报道，主要是国家、社会等对优秀教师的奖励，国家领导等对教师代表的会见、表彰等报道的集合；教师政策、法规与政策指令报道是针对教师教育颁布的政策、重要讲话等的诠释，如教师资格证制度实施，教师法的颁布等。这从一个侧面说明，在《人民日报》教师形象构建中，自上而下的政府主导发挥着重要的作用。

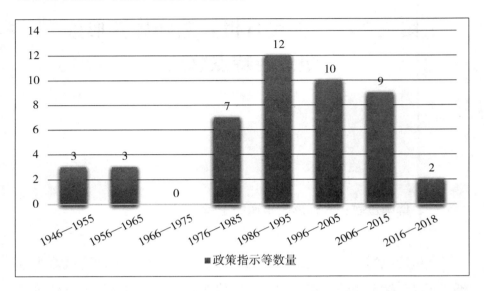

图13 《人民日报》不同时间段报道的教师政策指示数量图

由图13可知不同时间段下，教师报道中有关国家政策、指示、领导人发言或者慰问等的数量分布与变化，从中可以看出，1966—1975年间，样本中没有相关教师政令的报道，1976年以后，有关教师的政策指示等数量相对稳定地呈现整体增长。

尊师重教作为国家教育事业发展的中心主旨，从具体样本分析来说，它具体表现在几个方面：

第一，教师报道数量彰显尊师重教。通过图1我们看出，20世纪80年代前后，《人民日报》对于教师的相关报道逐年递增，并在1985年达到历史高峰期。一方面，报道数量整体上升的态势体现尊师重教；另一方面，《人民日报》在教师节元年即1985年呈现的前后未有的极高报道数量，显示出对教师教学的极大重视。

第二，设立教师节体现尊师重教。1985 年，第六届全国人大常委会第九次会议通过了国务院关于建立教师节的议案，自此每年 9 月份是教师报道数量最多的月份。

第三，国家政令、立法等层面，体现尊师重教。每次教师节、春节等重大节日前后，都会有相关教育指示的明确或者出台，国家领导人对教师进行慰问等，同时对于著名教育学者的诞辰等纪念日，也会有国家教育主管部门领导的慰问、祝贺等。

通过样本筛选，教师报道样本中有关国家政策、指示、领导人发言或者慰问等的数量为 46 篇。具体如《分组审议教师法草案》《把教师节当成尊师节隆重庆祝》《李铁映康克清看望教师》《纪念陶行知诞辰一百一十周年座谈会在京举行》《习近平会见庆祝第三十个教师节暨全国教育系统先进集体和先进个人表彰大会受表彰代表》等。

二、《人民日报》教师媒介形象建构的优缺点分析

为了能够更好地认识《人民日报》中教师媒介形象建构的优缺点，本研究特意选取了以微博为代表的互联网新媒体中有关教师形象的报道进行简单的对比分析。新浪微博作为新媒体时代全民社交的一个平台，对于建构大众心目中的教师形象具有重要影响。新浪新闻作为国内最早的互联网新闻网站之一，它的新浪微博账号运营较早也较为成熟，所展现的教师形象也具有一定的代表性。

选择新浪新闻微博公号作为特例，原因在于：第一，相比于其他

互联网媒体如网易新闻、腾讯新闻的微博账号而言，新浪新闻发展较早，微博账号运营时间较长，有关教师的新闻报道也相对成熟和全面。第二，新浪新闻账号最早能够抓取到 2012 年的新闻，比其他账号数据量大，分析结果也更加客观。以"教师""老师"为关键词笔者首先抓取到 1080 条新闻，时间段是 2012 年 10 月—2018 年 12 月，人工筛选掉不相关新闻后，共得到样本 753 条。

在时间段 2012 年 10 月—2018 年 12 月内，新浪新闻微博账号共发布 753 条有关教师的微博正文。由于微博正文文字数量均在 180 字甚至 100 字以内，整体上远远少于《人民日报》中教师报道的相关文字数量。为了保证分析结果可以更加准确客观地反映现实状况，本研究把全部 753 条数据全部作为新媒体分析样本，不对其中的数据做进一步的抽样。同时，为便于与《人民日报》中的教师形象有更加清晰的对比，对于新浪微博的数据也主要从样本的基本结构、样本标题、教师议题等几个方面进行分析。

和《人民日报》中的数据分析相似，本部分将 753 条教师报道的样本数据也按照年份和月份进行了对应统计。其中，按年份统计是从2012 年开始至 2018 年结束，共统计了样本中 7 年来对于教师报道的数量变化。按月份统计则是明确有关教师报道在 12 个月中报道数量的不同分布。

图 14 是 2012—2018 年新浪新闻微博账号发布的有关教师议题的微博条数。由于 2012 年的数据起始于 10 月份，所以总量略少于后面的几年。从整体样本中我们可以看到，新浪新闻作为互联网时代最早的新闻媒体之一，它有关教师的报道在逐年增多。尤其是从 2016 年开始呈现爆发式增长。背后的原因可能与互联网的普及尤其是智能手机

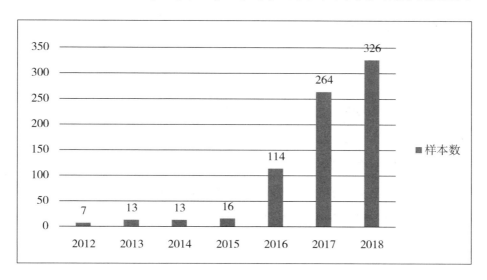

图14 2012—2018 年间，新浪微博中教师报道的样本数量变化图

的广泛普及，以及微博用户的不断增多有关。可以看到，该数量变化趋势与《人民日报》中的变化趋势一致。

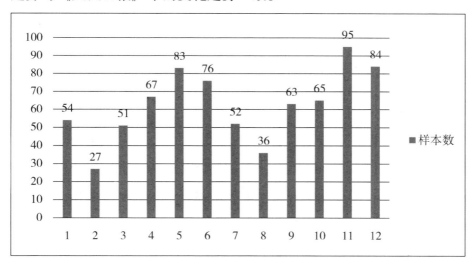

图15 不同月份下，有关教师的微博样本数量分布图

通过图表我们可以看到，1—12 月期间，11 月、12 月、5 月、6 月是有关教师的微博数据发布最多的 4 个月份。同时不难看出，每年的 5 月份和 11 月份是微博中有关教师报道的高峰期，而 2 月份和 8 月份是其报道的低峰期，增减的趋势刚好以高峰期或者低峰期成左右对称。当然，这也可以理解为，每年的 2 月份和 8 月份是学校寒暑假期间，有关教师教育的新闻也就相对减少，开学之后相关教师报道在 5 月份和 11 月份达到高峰，此后逐月下降至 2 月和 8 月份。

需要提出的是，这和《人民日报》中每年 9 月份教师节前后教师报道的高峰期不同，究其原因，可能《人民日报》作为党媒和作为大众新媒体的微博，在教师形象建构上存在差异。

对微博中样本标题进行词频查询后，我们得到词频和权重前 20 条的数据如表 6：

表 6　微博样本中，标题词频前 20 条统计表

单词	长度	计数	加权百分比（％）
老师	2	328	3.97
教师	2	187	2.26
学生	2	172	2.08
家长	2	68	0.82
女生	2	61	0.74
幼儿园	3	45	0.54
小学生	3	40	0.48
学校	2	39	0.47
回应	2	36	0.44
孩子	2	36	0.44

单词	长度	计数	加权百分比（%）
高校	2	35	0.42
大学	2	34	0.41
作业	2	32	0.39
校方	2	32	0.39
小学	2	31	0.38
上课	2	29	0.35
中学	2	27	0.33
猥亵	2	27	0.33
警方	2	27	0.33

表6是2012—2018年间，微博样本中标题的词频关键词截取。考虑到数量过多，我们这里只列举出其中的前40条。可以看到，除去核心关键词"教师""老师"外，学生、孩子、家长、大学、幼儿园、小学均在关键词最前列。由此我们可以认为，新浪新闻微博账号在对教师形象进行报道时，人物主体不仅有老师，更有学生和家长，涉及的教育范围不仅有幼儿园、小学，还有大学。同时女生群体也是微博中报道的高频词汇。

另外，样本高频词中有一个明显的负面词汇"猥亵"。考虑到报道的立场和情感倾向，本研究对《人民日报》和新浪微博样本的标题做了情感对比分析。在 NLPIR 分析工具中，情感被分为正负两个方面，包括乐、好、怒、哀、惧、恶、惊7个层面。情感分析主要采用了两种技术：1. 情感词的自动识别与权重自动计算，生成新的情感词及权重。2. 情感判别的深度神经网络。①

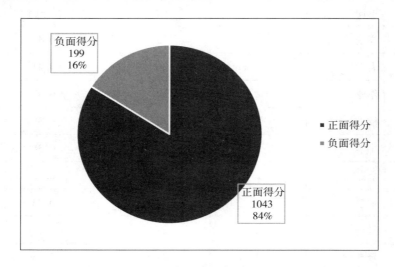

图16　《人民日报》样本标题情感分析图

由图16可知，《人民日报》标题情感分析中，正面得分为1043，占比为84%；负面得分为199，占比为16%，总体得分为844。即整体报道呈现正向情感。

由图7可知，新浪微博标题情感分析中，正面得分为750.5，占比43%；负面得分为1004，占比为57%，总体得分为-253.5，整体报道呈现负向情感。

因此，通过对微博账号新浪新闻中770条样本的基本结构分析、关键词分析、情感分析之后，本研究对新媒体所建构的媒介形象得出以下结论。

第一，以微博账号为代表的新媒体在报道教师相关新闻时以负面

———————————

①　搜狐网．语义分析系统——NLPIR［DB/OL］．2017 - 06 - 25. https：//www. sohu. com/a/151865518_ 743147

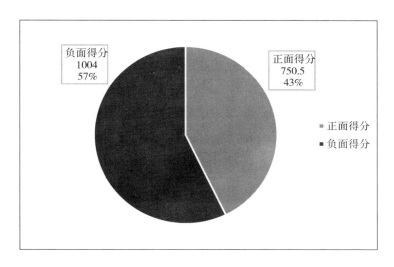

图 17　新浪微博样本标题情感分析图

新闻为主，同时也有对教师的正面赞扬，但频次远远低于负面反映方面。

第二，从 2016 年开始，网络媒体的微博运营不断发展，最显著的特点就在于微博发布条数的激增，以及微博网友参与互动次数的不断提高。

第三，5 月份和 11 月份是新浪新闻微博账号发布教师报道最多的两个月份，可称为每年教师报道中的两个小高峰。而 2 月份和 8 月份则是其每年教师报道中的两个低峰期。

第四，幼儿园教师在样本中报道最多，当然中小学老师、大学教师也有相应分布。教师的负面行为集中在殴打、辱骂、体罚学生，对学生实施猥亵、性侵等道德败坏的违法行为。对教师的正面报道则集中在敬业奉献、风趣幽默、与学生平等互动、坚守教师岗位等网友喜闻乐见的新型教师形象。

综上，本研究认为《人民日报》对教师媒介形象塑造有以下优点：

（一）立场坚定，党性原则强

《人民日报》始终坚持以正向报道为主，负面报道为补充的报道方针。在《人民日报》的相关教师报道中，人民教师、筑梦人、奉献、坚持、爱护、科研、创新、十年如一日、尊师重教等词汇都有着较高的出现频率。这些关键词都是对教师光辉品质的表述。而新媒体报道中的高频关键词则有猥亵、耳光、殴打、开除、道歉、跳楼、自杀等，这些关键词多出现在新浪新闻的微博账号教师类新闻的热点舆情中。另一方面，从样本标题中的情感分析结果来看，在《人民日报》整个历史报道中，正面得分占比高达84%，远远多于负面报道。这些都和以微博为代表的新媒体有着显著不同。

（二）报道体裁多样，新闻专业性强

《人民日报》报道体裁涵盖消息、评论、人物特稿、通讯等多个形式，并且在不同年代对于不同体裁的运用也各有侧重。多种报道体裁的运用，与新媒体相比更具有新闻的专业性，体裁呈现更为丰富。尤其是在网络媒体兴起以前，《人民日报》开创并保持着与读者的互动，及时反映读者心声或是对报纸的有关意见建议等。微博凭借技术，占据了和读者便利互动的先天优势。但是，它一方面由于字数的限制，体裁表现通常不够明显；另一方面，微博原创或者转发的新闻，绝大多数是对传统采编媒体生产的新闻内容的简单复制和粘贴，并配以"耸人听闻"的标题或者微博话题等。同时，从新闻从业队伍的专业性看，微博编辑的门槛要远远低于《人民日报》。因此，和微博新闻相比，《人民日报》有着深厚的专业性。

特别值得一提的是，《人民日报》在新媒体出现后，积极采用评论和其他体裁来增强阅读的趣味性，吸引读者。这种应对新媒体冲击的与时俱进的做法也是新闻专业性的体现。

（三）报道视野宏观全面

《人民日报》中有关教师的报道议题不仅包含师德师风，更有教学改革、教师培训、教师待遇、教师政策、教师健康、教师入党、教师支教等方方面面，体现了国家和社会对教师群体的关注，对教育事业的重视，对教学科研的投入。

这些议题大到教师教育发展的相关政策，小到教师的衣食住行等细微之处。可以说，《人民日报》在对教师的宣传报道中具有宏观上的布局策划，体现了思想上的大局意识。

以新浪微博为代表的新媒体在新闻报道中议题多是有关教师的具有刺激性或者趣味性的事件。如《监拍：男生遭女老师扇耳光当场猛扇回击》《小学生爷爷去世请假被怼 老师：你去能干嘛》《因开跑车接送孩子上学家长竟被移出群》《雨天上课途中鞋坏了老师光脚连上四节课》等。从这些新浪微博样本内容来看，整体报道缺乏宏观的布局和新闻话题的专题策划，呈现报道主题的碎片化。由于新浪微博中发布的消息多是转载、复制、粘贴多家采编媒体的消息，它的整体报道战略性不强，不具有系统性和整体性，话题的策划能力明显弱于《人民日报》。

当然，《人民日报》对教师媒介形象的塑造也存在一些不足之处。

（一）教师形象呈现单一化

教师作为教育事业的中坚群体，他们在参与教学活动的同时，也有着"社会人"的属性，具有社会交往的需求，更具有衣食住行和为人处事等的必然需求。教师群体的日常不仅仅只有教学工作，也有属于普通人的普通生活、厌恶喜好。因此，了解客观全面的教师形象，不仅需要知道他们的教学态度、科研成果、师德师风等工作的一面，还要了解他们生活中普通的一面，能够让大众更加理解和感同身受的一面。

从《人民日报》中教师报道的议题设置可知，25 个报道议题中几乎全是关于教师的职责，如师德师风，科研成果，师资力量，教学改革，教师培训，教师职责，教师政策、法规与指示，教师编制，教师支教等，这些议题多是关注教师教书育人工作中应有的一面，忽略了教师社会人的普通诉求。例如生活中的衣食住行，兴趣爱好，购物偏好，科研竞争，压力缓解等。而只有正视教师作为普通人的一面，才能做出能让人感同身受的报道，拉近教师形象与受众的距离。虽然教师花絮、教师健康等能够展现教师日常生活的一面，但数量偏少，不能全方位、立体化地呈现教师人性化的形象。

（二）教师形象塑造的同质化

孺子牛、臭老九、人梯、筑梦人是本文对《人民日报》中教师媒介形象的主要概括。不论是哪一时期，在样本提到的模范典型教师中，多数呈现出大公无私、正直善良、关爱学生、富有爱心、醉心科研、创新教学等特点。

在《人民日报》树立的典型模范教师中，如坚守"天梯"小学21年的李桂林陆建芬夫妇；淡泊名利、甘于奉献、敢为人先的先进教师黄大年；扶贫不辍11年，让农民增收10倍，和农民打成一片，扎根山村写论文的浙江大学农业与生物技术学院教授汪自强；危急关头用生命保护学生的最美教师张丽莉都是教师中不平凡的代表，是众多教育工作者中的优秀代表。这些模范教师所体现的精神值得全社会每一个人去尊敬、去赞扬、去学习。

但同时，过于千篇一律的同质化人物形象的报道，不可避免地会使教师形象的生动性、丰富性明显不足，从而降低模范典型的吸引力和感召力，形象塑造的效果和意义也会大打折扣。

（三）教师形象建构的政治要求过于宏观

中国教师形象的建构自古以来就与政治属性紧密相连。中国古代社会普遍将师者视为道德家，其道德身份和教育身份是高度融为一体的。在儒家思想影响下，士大夫的德行操守被看作是影响国家政治命脉最重要的因素。新中国成立后，尊师重教成为一种社会风尚，对教师的政治要求和道德要求也不断提高。

《人民日报》作为国家级党媒，对教师形象的报道持续不断，凸显了整个社会的尊师重教风尚，建构着整个社会尊师重教的文化，也在不断强化着对教师队伍的政治要求。当下，"四有好老师"是对教师形象的标准要求。其中"有理想信念"是对教师思想政治方面的首要要求。"教师必须自觉做中国特色社会主义的坚定信仰者和忠实实践者，忠诚于党和人民的教育事业"，在教育教学的过程中要用自己的实际行动来发挥社会主义核心价值观的榜样力量和教育意义。然而，对于教师而言，如何坚定理想信念，发挥价值引领作用，缺少进一步细化和具体化，政治要求流于空泛，难以落实落地。

三、《人民日报》教师媒介形象建构的政策建议

《人民日报》对教师媒介形象的建构具有多重影响。首先，影响着全国受众心目中的教师形象，关乎教师群体在受众当中的名声和信誉，影响社会舆情和社会风气；其次，对数量众多、影响力广泛的教育从业者会产生作用，包括积极的促进和消极的影响；最后，对媒体行业中有关教师形象的塑造具有指导和借鉴作用。因此，对于《人民日报》如何建构教师媒介形象，我们应慎之又慎，更加重视。基于对其在1946—2018年间有关教师媒介形象的建构和变迁特点的分析，本研究对《人民日报》教师媒介形象的建构提出以下意见和建议。

（一）媒体报道要深入生活，呈现立体化教师形象，避免形象塑造片面化

教师形象塑造的片面化是《人民日报》媒介建构的不足之一。对此笔者建议，媒介建构教师形象时，媒体报道要深入生活，深入实际，呈现立体化教师形象。在全方位布局教师议题的时候，重视教师生活花絮，多多关注他们工作教学以外的细节，做到贴近生活，贴近受众，塑造丰满而又真实的教师媒介形象。比如，教师在教书育人之外，也可能会喜欢摄影、爱好，更或者是勇于追求爱情，有着不一样的家庭生活、亲情经历、工作压力等。如2016年4月22日《人民日报》整版关注青年教师：真实压力到底有多大。报道教师的工作细节和花絮，甚至一些感人的细节，展现教师工作之外的普通人特点和追求才是立

体化呈现教师形象的关键。立体才会真实，真实才会让人更加相信！

（二）深入互动，多方互动，共塑教师媒介形象

教师媒介形象的发起者不仅仅限于媒体，教师、学生、家长，社会大众都可以是形象建构的参与者。《人民日报》对于教师形象的报道，更多的是告诉受众教师形象是什么样，教师形象应该怎么样，而不仅仅是反映或者倾听你们心中的教师形象是怎样，你们想要什么样的教师形象。发挥多方力量在媒介形象塑造方面的主动性和主体性，对于构建客观全面的教师媒介形象具有重要意义。只有深入了解教师自我认识、学生和家长对教师的评价、社会对教师的期待，才能多角度塑造教师的完整形象。另一方面，多方参与就是多方监督，每一方的互动都可以带来客观的效果，多方构建的结果也就更加具有公信力，可信性，教师媒介形象也会更加深入人心，达到媒介建构的最佳效果。

（三）深化媒介融合，重视网络舆论的引导与疏解

《人民日报》和新浪微博中呈现的教师媒介形象的较大差异是目前教师媒介形象建构的重要问题。它不仅关乎教师的利益、人民大众的利益，更关乎舆论氛围和《人民日报》的公信力，甚至是社会结构的稳定性。正确审视新媒体反映的教师形象，重视对网络舆论的引导与疏解，是《人民日报》作为主流媒体应有的责任和义务。

当然，新媒体时代，信息传播广度、速度的加快给传统媒体也带来了极大的压力。作为中央媒体的《人民日报》也不例外。对比微博信息的便捷化、匿名性和信息不对称的存在，《人民日报》要重视其

中有关教师形象的舆情变化，并及时跟进报道，权威地加以解读。尤其是要做好负面舆情的矛盾缓解和态势引导。只有这样，才能吸引更多受众的注意力，增强自身的权威性和公信力。

（四）报道起于宏观落于具体，讲好新时代中国教师故事

"筑梦人"是新时期《人民日报》对教师形象的宏观描述。那么，何为筑梦人？筑梦人需要什么样的标准？有哪些特质？哪些影响？如何打造筑梦人？成为筑梦人？这些都是《人民日报》在后续的宣传报道中需要解读和塑造的重点。简单来说，就是将宏观层面的"筑梦人"形象具体化、平民化，通过深入专业的采写展现出"筑梦人"独特的时代风采。在报道策划上，采用灵活报道方式和宣传策略，运用媒介教师形象建构对社会大众、教师群体、学生和家长带来的不同影响，多层次分类别地对教师形象进行报道。在报道策略上，不断追求宣传效果的最大化，发挥媒体在教学改革、师德塑造、价值引领等方面的积极影响。在报道内容上，要坚守马克思主义新闻观，创新采写方式，真实客观地加以报道，用富有感染力的报道全面建构教师形象，用文字让读者走心。